華志文化

華志文化

失落的百年致富聖經

The Science of Getting Rich

世界最古老的財富經典

世界富翁都是從本書學到思考致富的方法，閱讀本書後，即使不能成為一名億萬富翁，但是絕對不會再與貧窮為伍。
我們對財富的渴望亦是對完美人生的渴望，其實，追求財富也就是追求更高品質的生活。

暢銷排行榜《祕密》的神祕之作
大師將告訴你最偉大的致富祕密

財富是由心理信念所吸引
學會感恩讓你更加的富有

The Science of Getting Rich

最新原版
新譯本
199元

華勒斯・華特斯(Wallace. D. Wattles)◎等著 蕭祥劍◎編譯

前言：翻轉人生：從「0」開始

二〇〇七年，美國Prime Time公司隆重推出的一部風靡全球的紀錄片《祕密》，該片堪稱成功學、財富學和人生指導的經典之作。在美國和世界各地廣受人們的追捧，原因是該片揭發了一個巨大的祕密……

據該片的製片人朗達·拜恩介紹，《祕密》的靈感源自於一本失落百年的古書——《失落的百年致富聖經》，正是這本書啟發了她，讓她與那些偉大的勵志導師華勒斯·華特斯、查理斯·哈奈爾、羅伯特·柯里爾等相遇，從而拍成了這部經典的勵志紀錄片。

《失落的百年致富聖經》究竟是一本什麼樣的書呢？

一位讀者在亞馬遜網站上如此說道：「如果有一天有人為成功勵志書創建一個『名著紀念館』，這本書將必定位列其中。」自從一年前我買下這本書之後，我至少已經讀了六遍。本書最大的魅力在於它簡潔有力——論述精闢，非常具有可讀性。

這本書最初大約寫於一百年前。全書的內容完全集中在如何致富上，和那些告訴你如何提高你的自尊、樹立目標和過幸福生活的普通勵志書不同，它只是直接地告訴你如何賺錢，也許，這在某些人看來很俗氣，卻非常實用。

這本書只用幾頁來直接闡述它的主張。一旦你習慣了它近乎神祕的語言，你會發現，事實上這本書提出的每一個論點，從致富是每個人的權利，到任何人都擁有致富的機會，以及怎樣使財富被吸引等，都像水晶一般清澈透明。實際上，你幾乎會愛上這本關於金錢的書，它的第一句就說，「這是一本實用的指南，不是關於理論的論文……因為對於男人和女人來說，最迫切需要的就是金錢，他們希望首先變得富有，然後再做哲學思考。」

本書不僅總結了獲得財富需要知道什麼，以便踏上致富的道路，而且它在觀念上建立了讀者的信念，使任何踏上致富道路上的人都可達到他們的目的地。

在這本書裡確實沒有關於怎樣謀生或怎樣投資而變得富有的具體作法。作者告訴你只需把一切放到信念上，即相信自己將神奇地透過思考和接受而變得富有。是的，可能許多人發現這很難以置信，但作者也不提倡整天坐在一角冥思苦想。我概括他致富的處方猶如處理日常事務，只需以這樣的方式組織你的生活，然後金錢就會自動流進來。

也許有些人反對這本書，因為它所說的都是金錢，而沒有涉及其他的。但是，如果金錢不重要，為什麼我們工作這麼辛苦，並希望升職和提高薪水？人們對金錢有一種否定和害羞的感覺，而我真的很高興我讀了這本書，它提醒我致富不僅是一種權利，而且它是自然的，也不會損害任何人或任何事。

我非常喜歡這本小書關於感恩的一章。作者提倡在富有之前先學會感恩。他宣稱如果你能夠「感恩」，富足是自然的，也是必然的。這或許是為什麼有這麼少的人變得富有的原因。我們所有人都說「給我展示出金錢」卻不接受它將會發生和自然發生。一旦我們接受金錢，然後我們就會感激。可曾注意到在世界上真正懂得感激的人是多麼少？我懷疑這是因為我們被教導朝相反的方向去思考。我發現獲得金錢的最大阻礙似乎在我們的心裡。當你身邊的每一個人都抱怨生活多麼不公平，那是很難變得富有的。

除了華勒斯·華特斯這位大師外，本書還收錄了另一位大師非常重要的致富著作，即是巴納姆的《馬戲團裡的億萬富翁》，巴納姆是美國歷史上著名的企業家，他從一個貧苦家庭的孩子成長為美國歷史上生平最多彩多姿和最著名的人物之一。他以自身的經驗總結了創造財富的二十一條法則，值得世人閱讀。

本書在銀行業及保險業影響極大，並很快成為數百萬人耳熟能詳的著作，目前世界銷量已超過上千萬冊。

相信在讀完本書後，即使你不能成為一名億萬富翁，但也絕對不會成為貧窮者隊伍中的一員。

【美】華勒斯・華特斯
Wallace D.Wattles

目錄 CONTENTS

附錄✪馬戲團裡的億萬富翁

（創造財富的二十一條法則）

致富不是靠投機和運氣，而是一門精密的學問。

失落的百年致富聖經

作者在本書中闡述如何獲取財富，但絕不以一個人所擁有的金錢數量來衡量其是否富裕。

眞正的富有是一種美好的狀態。處在這種狀態中，人們的身心無比健康，生活富足安寧。更爲重要的是，他們從來不會滿足於已取得的財富。在他們的思想裡，生命永遠都不會滿足，生命永遠處在追求富足的過程中。不滿足於現狀的生命才是富有活力的生命。

作者簡介

華勒斯・華特斯（Wallace D.Wattles）在經歷了一連串的人生挫敗後，於其晚年時開始深入研究世界上各種哲學與宗教信仰，而整理歸納出在本書裡列出的各種原則。他並親身實驗與測試這些原則，證明了這些原則的正確性與有效性；他也因應用了這些原則，而得以脫離貧困，在晚年時過著富裕的生活。

他的女兒佛羅倫斯回想其晚年的景況：他幾乎總是在寫作，而在那段時間，他在心中描繪出他的心靈圖像。他看到自己是一個成功的作家、是一個具有強韌性格的人、同時也是一個不斷成長的人，他也開始朝向實現此願景而努力。

他總是劍及履及……他真的活出了偉大的一生。華特斯先生雖已過世，且其作品近一世紀以來鮮為人知，然而在二十世紀，有幸研讀並落實他所教導的各種原則的人，都獲得了豐碩的果實——他們真的成功致富！

此外，本書在個人成長與成功學領域所發展出的各派學問，也都產生了深遠的影響。

你天生就應該富有

★人應勇於追求富足的生活

富足的生活是自我發展的重要保障，唯有在身體、心智、靈魂三者都得到了和諧發展的前提之下，我們才能活得有尊嚴，才能獲得眞正的幸福。任何一個正常的男人或女人都嚮往這樣的美好生活，所以，我們應該勇於追求富足，成爲一個有錢人。

在我們的日常生活當中，我們不難發現這麼一類人——他們打著「崇尚簡單生活，不為五斗米折腰」的旗幟，生活十分拮据，但他們並不會因此放下自己的「高貴人格」。然而，不論這些人如何標榜自己安貧樂道，甚至以貧窮為美，或者瞧不起有錢的人家，實際上在他們的內心深處都不得不承認這樣一個事實：沒有經濟基礎，一個人的生存和發展就受到侷限。

這其中的道理顯而易見：人生在世，我們要吃飯穿衣，要解決基本的生存問題；在物質生活得到了基本保障之後，我們還渴望有受教育的權利、希望提升自身的精神生活品質，我們的心智和靈魂都希望得到滋養，這一切都建立在紮實雄厚的經濟基礎之上，在高度發展的商品社會，無論是物質消費還是精神消費都必須依靠金錢才能得以實現。倘若想尋求發展但不努力累積財富，唾棄金錢，這無異於空想。

人類是萬物的靈長，自從完全脫離了普通動物的習性之後，除了溫飽的基本需求之外，更要追求個人的人生價值和社會價值。每個人都有一股與生俱來的衝動，即希望成為理想中的自己，渴望實現自己的最大價值。事實上，一個人有沒有實現他的最大價值，也是其成功與否的重要標誌之一。

從本質上來說，實現自身的全面發展，是每一個人都應該享有的不可侵犯的權利。這顯然意味著我們每一個人都擁有充分的權利去自由去享用一切所需的資源，並且可以憑藉這些資源來增強我們的體魄、開啟我們的心智、豐富我們的靈魂。從這個意義上來說，致富就是人人都享有的人生的權利！

生命是值得尊重的。既然我們尊重生命，我們就應該滿足每一個個體對富足生活的本能需求。

如果我們想過一種真正有尊嚴的生活，我們就應該對健康的財富肅然起敬，而不是「吃不到葡萄說葡萄酸」；我們就應該關注合法正當的「致富之道」，而不是安於貧困停滯不前。

我在本書中闡述：

如何獲取財富，但絕不會以一個人所擁有的金錢數量來衡量其是否富裕。

真正富足的人絕不會僅僅滿足於金錢的追求，或佔有多少可利用的社會資源，這種追求純粹感官上的物質滿足的人生是為他們所摒棄的。因為那只是一種接近於動物的生理需求，那不是高度文明社會下，人類應該追求的理想生活。

這種感官上的物質滿足不但不能給人帶來真正的快樂和美好的生活，還將造成社會資源的普遍浪費，甚至會導致極大的社會隱患——滋生邪惡與犯罪。這樣的追求對他人、對整個人類社會是有百害而無一利的。如果人人都以追求物質滿足和感官享受為自己的生活目標，整個社會必將陷入混亂、停滯甚至是倒退。

這樣說的話，怎樣的生活才算是富有呢？我們又應該追求一種什麼樣的富足生活呢？

其實，真正的富有是一種美好的狀態。處在這種狀態中，人們的身心無比健康，生活富足安寧。更為重要的是，他們從來不會滿足於已取得的財富。在他們的思想裡，生命永遠都不會滿足，生命永遠處在追求富足的過程中。不滿足於現狀的生命才是富有活力的生命。

一個人不滿足才會有前進的動力，不滿足已有的成就才會不斷地發展壯大，才能在享有更多資源的同時創造出更大的價值，使個體生命以及整個人類社會呈現出勃勃生機。這既是大自然的法則，也是人類天性的表現。在這種富足狀態下的人們心目中，「小富即安」的想法是不可取的。

需要進一步補充說明的是，這裡所謂的「不滿足」與貪婪是有著本質區別的，它絕不是指人類的貪得無饜，而是一種積極進取的心態，一種對美好生命的理性尊重與張揚，是對精彩生活的熱切嚮往與追求。

在我們的一生中，健康的身體、健全的心智和安寧的靈魂，三者和諧圓滿的發展成為了我們生活的主要目的。

在這三者當中，沒有孰優孰劣之分，它們是一損俱損，一榮俱榮，彼此息息相關，它們中的每一方都應該得到充分的滿足。如果我們一味地去追求靈魂的安寧而忽視身體的健康和心智的發展，那無異於岌岌可危的空中樓閣。況且這樣做並不會顯得我們有多麼高尚。

當然，如果我們僅僅關注心智的發展而忽視身體或靈魂的滋養也是極為錯誤的。最後也是最為危險的一點，如果我們只停留在肉體感官的享樂而忽視心智和靈魂的健全發展，這將會產生非常糟糕的結果。

對此，我們並不會陌生，生活中隨處可見這種惡果。我們應該堅決鄙視和摒棄這樣的人生觀。因此，真正美好富足的生活意味著人的身體、心智、靈魂三者能夠得到和諧的發展。只有這樣我們才能獲得真正的幸福和滿足。

我們換個角度思考一下，假設沒有美味的食物、合適的衣裳和溫暖的居所，而是終日過著無法擺脫的勞苦生活，我們的身體又怎能得到健康的發展？而如果缺少最基本的休息和休閒的自由，像奴隸社會的奴隸一樣，我們的生命又會是怎樣一個狀態呢？

如果沒有書籍供你來閱讀，沒有出去旅行、觀察社會和開闊眼界的機會，沒有聰慧的朋友相伴，我們的精神將是多麼匱乏！我們的心智又怎能談得上充分發展呢？而心智若要得到充分的發展，我們就必須多多接觸蘊含智慧的創意，與各種富有情趣並可供欣賞的藝術以及一些美好的事物為伴。

此外，我們若想在靈魂上得到安寧和快樂，就必須得到別人的愛，同時要擁有愛人的能力。

一個人只有胸懷愛心，其靈魂才是真正快樂的，但貧窮會扼殺一個人的愛心，會阻礙他去表達愛，會損害他愛人的能力。想像一下，當我們所愛的親友陷入貧病之中需要幫助時，同樣貧窮的你卻只能眼睜睜地看著他們遭遇困難甚至死亡，而沒有絲毫的能力給他們一些實質性的幫助，你是什麼感覺？你口口聲聲宣揚的對他們的愛又怎麼去展現？請記住，愛是一種能力，擁有健全心智和健康心態的人才會具有施愛於人的能力！

相反，如果我們自身每天都處在生存壓力的煎熬之中疲於奔命，我們又怎麼會有心力去關照身邊的親友呢？縱使我們有這份心思，也只能「心有餘而力不足」與之同病相憐一番罷了。

一個人的最大幸福莫過於給他所愛的人提供力所能及的幫助。而問題的關鍵在於他要有給得起的能力。給予是愛的最自然、最真誠的表達。無償的給予有精神層面的，也有物質層面的。沒有能力付出和給予，甚至連自己的生活都保證不了的人，不但無法成為一個稱職的丈夫（妻子），父親（母親）或一個稱職的公民，甚至不是一個合格的人。

這所有的一切都在向我們證明這樣一個道理：只有在經濟富足，物質資源充裕的條件下，一個人才能夠使他的身體保持強健，使他的心智得以開啟，使他的靈魂得到安寧。只有這樣才算得上是一個真正意義上的人。因此，我們必須堅持勇於去獲取財富這一無比重要的理念。

我們要堅信：渴望財富沒有過錯！對財富的渴望實際上就是對美好生活的渴望，它是一種值得讚美的渴望，它是一種完美的追求！

每一個正常的人都會渴望過富足生活，渴望擁有足夠的金錢來保障其富足生活。如果我們是健全的人，就努力致富吧！致富應該成為我們發自內心的熱望。

財富是一門大學問，「財富的學問」是所有學問當中最高尚、最值得掌握的一門學問。我們沒有理由不對其給予極大的關注和努力！

進一步來說，如果我們忽視了對這門學問的探索和研究，我們就是在忽視對自己、對社會乃至對全人類的責任，我們就是在逃避責任，遠離社會，遺棄自己，因為，一個人對社會和他人的最大奉獻莫過於讓自己活得更出色。

致富是一門心理科學

★人人都能過上富足的生活

致富是一門人人都能掌握得非常精深的學問。世上財富的運作有其嚴謹的邏輯和獨特的規律，我們把它稱爲「特定的致富方式」。所以，我們沒能富裕起來不是因爲我們沒有致富的才能和天賦，也不是因爲我們沒有碰上好運氣，而是我們沒能巧妙地運用這一特定方式。

我們經常會聽說這麼一句話：「假如我有一億元該有多好啊！」也常常聽到很多人在抱怨：「為何我就不能成為億萬富翁？」

財富的確是一個十分迷人的字眼，我們這些普通大眾沒有誰不希望自己擁有能夠令自己過上富足生活的財富。但是，我們當中的絕大多數人都對財富抱有敬畏心理，不敢去奢望，不敢去追求，連想都不敢去想。難道我們這些凡夫俗子們就真的與財富無緣了嗎？

答案當然是否定的。世上的一切，包括各種資源和財富都屬於你我等千千萬萬的民眾，每一個人都有權利去獲得它，只是你要懂得如何去得到它。致富不是靠運氣，不是靠投機，更不是「天上掉下來的餡餅」，而是一門精密的有待我們去深入學習的學問。致富確實是一門學問！而且是一門人人都能掌握的學問。就像學習算術和代數有相應的公式和定理一樣，致富也同樣有其特定的法則和規律，只要掌握並充分運用了這些規律和法則，任何人都可以實現自己的財富夢想。

致富有其「特定的方式」。我們的調查發現：

凡是那些按照特定的致富方式行事的人，不管是出於有意還是純屬偶然，他們最終都成為了富有之人；而那些沒有遵循致富特定方式行事的人，不管他們有多大的能力，即使付出了比常人多出好幾倍的努力，也只能停滯不前，脫離不了貧窮的隊伍。

這是為何呢？難道是上天的不公平？難道貧窮者就永無出頭之日？按照自然法則，我們都明白「種瓜得瓜，種豆得豆」的道理，所以，那些得不到財富的人一定是做事的方式不對，他們的努力沒用對地方，他們的辛苦成了瞎忙，成了惡性循環。因此，我們要開始深刻反思一下自己的行事方式了。

為了讓大家更好地、更深刻地理解致富這門學問，也為了讓大家都能正確地運用致富的「特定的方式」，我們有必要說明以下幾點：

◆致富與個人身處環境無關。

面對富有之人，有人也許會說他如何如何有良好的致富環境，而自己之所以不富裕是因為沒有合適的發展環境。假設環境真能決定一個人能否致富的話，那麼我們就應該看到這樣的圖景：在同一個區域，人們都應是富人或者都是窮人，即同城皆富或同城皆貧；舉國皆富或舉國皆貧。但實際情況卻是，某個城市的人們都富起來了，臨近的另一個城市卻依舊貧窮；某些發達國家富強康樂，而另一些第三世界的國家卻依舊在貧困線上掙扎。

我們還看到，在同一個環境裡的同一個行業的人，他們中的貧富差距卻異常懸殊。所以，環境的好與壞並不是致富的決定性因素，致富的關鍵在於做事的特定方式。不過，適宜的環境將更有利於人們致富。

◆致富與個人的天賦無關。

我們都有一個盲點，以為只有少數極具「天分」的人才能發財致富，認為財富的取得與一個人的天分密切相關。

事實上，只要我們是一個擁有正常智商的人，我們中的每一個人都有可能成為富裕之人。

致富的法則向每一個人敞開，只要用心學習，人人都可以掌握並運用它為自己積聚財富。我們要相信，致富是我們力所能及的一件事。

稍稍擦亮眼睛，我們就會發現身邊的許多致富的典型例子：學富五車的人能致富，才疏學淺之人也能賺錢；天資聰穎的人能致富，木訥老實之人也能發財；體格健壯的人能致富，體單力薄之人也能獲利。只是，前提條件是我們必須有最基本的學習能力和思考判斷能力。誠然，我們必須能夠瞭解手上的這本致富手冊。

所以，掌握致富的規律，依照「特定的方式」去行事，不一定是天才們才能做的事，我們這些普通男女一樣能做到。現實社會中不是有這樣的例子嗎？一些天才的人們終身貧困潦倒，而一些資質平平之人卻能富足一生。為何會有這樣的結果呢？透過對一些富有之人的調查研究，我們發現：那些所謂的富人其實是再普通不過的人，他們沒有比普通人更高的天分，甚至有些人看上去比普通人的資質還不如，但是他們卻打開了一扇屬於他自己的財富大門，創造了驚人的業績。他們無不是懷有堅定致富信念的人，他們不辭辛勞地尋找致富的規律和法則，最終找到了致富的門路。這又進一步表明了致富與人的天分高低並沒有直接的關係，而是在於能否有效運用致富的「特定方式」。

◆致富與節儉與否無關。

勤儉節約一直是許多民族的傳統美德。節儉也一直被認為是致富的重要門路。不可否認，節儉有其許多優點，但它卻並不能幫助我們過著富足的生活。有一句成語我們都很熟悉，即「開源節流」，從字面上我們可以看出，是開源在先，節流在後。如果只知道一味地節流而不想辦法開源，家中縱使有再多財富也會坐吃山空的。所以，只有不斷地開源才能保持生活的永遠富足。

在現實生活中，我們還看到許多節儉的人們依然過著貧苦的生活。所以，雖然我們要在生活困難的時候提倡節儉，但不能僅僅指望透過節儉就能發達致富，要真正實現脫貧致富，要想讓自己的生活有一個質的飛躍，我們只能按照致富規律辦事，堅持致富的「特定方式」，以開源來達到富足。

◆致富並不意味著要去做別人做不到的事。

我們說凡事都有其因果。致富有致富的門道，貧窮有貧窮的原因。假若不按照致富的規律行事，就算你有天大的本事，你也永遠富不起來。前面我們講到過的例子，同樣的人在同樣的環境下做著同樣的職業，為什麼一個人能夠發達興旺而另一人卻只能破產呢？道理顯而易見。

從上述四點來看，我們不難看出：致富是按照某種「特定的方式」行事的結果。從而也進一步表明了致富是一門精深的、值得學習的學問，它具有自身內在的嚴謹邏輯和規律。

還有幾個問題需要補充說明一下。

雖然我們說環境對致富與否並不具有決定性作用，但它對人們致富的影響還是有的。試想一下，倘若你深入荒無人煙的撒哈拉沙漠去做貿易，能成功嗎？致富過程中，非常重要的一點是要學會與人打交道，要考慮到與周邊的人和事物的關係，要有潛在的客戶資源。

此外，雖然我們說致富與哪一行業與從事哪一職業沒有絕對的聯繫，但有一點可以確定的是，如果能夠從事自己感興趣的行業，致富就會相對容易一些或者能夠從事自己所擅長的職業，我們就能夠將工作做得更好。再者，如果我們能夠從事那些能夠因地制宜的行業，我們會更容易取得成功。

總之，若我們能夠找到適合自己的興趣、個性和能夠發揮自己的天賦的職業，我們就能夠增進致富的速度。例如，把霜淇淋小店開在位於北極圈裡寒冷的格陵蘭島不如開在氣溫高熱的地方容易賺錢。同樣的道理，在美國西北部沿海地區做大馬哈魚生意就比在佛羅里達更能成功，因為在美國只有西北部沿海盛產大馬哈魚。

還有一點就是，致富與是否擁有足夠的資金無太大關係。我們知道那些真正能夠致富的人是不會跌倒在資金不足上的，當然，有資金作本錢無疑能夠使致富變得容易些。那些富足起來的人們，他們一開始也許會為資金的短缺而煩惱，但他們不會為此停滯不前，他們會透過致富的「特定方式」最終獲得資金。而當人們以「特定的方式」獲取了財富後，他們就已經學會了致富的法則，資金也就不成問題了。我們要堅定這樣一個信念，即使是世界上最窮苦的人，只要能運用致富的「特定方式」，就一定能致富，就一定能改變我們的命運。擁有資金是按照「特定的方式」行事的結果，是致富過程中的一部分。

以上這幾個條件雖然在一定程度上對致富有所限制，但它們都不是致富的決定性因素，致富過程中的決定性因素是我們是否遵循了致富的規律，是否確實以致富的「特定方式」行事。

在此，我想再次強調一下「種瓜得瓜，種豆得豆」的道理：

只要我們滿懷致富的信念，真誠地秉承這種「特定方式」做事，我們就一定能富裕起來。

哪怕此時我們是這個世界上最貧窮的人，哪怕我們此刻債務纏身而沒有任何朋友伸出援助之手，哪怕我們手裡沒有任何資源。

我們要堅決相信：如果我們沒有資金，我們很快就能得到它；如果我們尚處一個不適當且不喜歡的行業中，我們不久就能從事一個真正適當的行業；如果我們依舊在一個不適合自己的職位上，我們很快就能找到自己滿意的職位。

人類的思想越集中，信念越強烈，對宇宙能量的影響就越深遠，就越容易實現自己的目標。

你有機會致富嗎？

★在致富的機會面前人人平等

宇宙賦予人類的能量源源不斷，對財富的供給也源源不斷。致富的機會無處不在，在致富的機會面前人人平等。世上缺的不是致富的機會，而是致富的行動。誰抓住了機會，誰就能獲取財富。致富屬於那些識時務者，屬於那些與時俱進者。

隨著身邊的人越來越富裕，還沒有富裕起來的人們內心裡就會升起一股莫名的失望和苦悶：如今的財富蛋糕已經被世上的富人們瓜分得差不多了，他們壟斷著大部分的致富行業，我也許再也沒有機會去爭取了。就算我再怎麼勤奮努力，再怎麼積極和樂觀，致富的機會也不會光顧我，因為我已經付出了那麼多，卻依然很窮。

有這樣想法的人在我們的生活中有很多，他們都是被當下的失敗打擊怕了，再也提不起信心和勇氣來接受更嚴峻的挑戰。其實，真實的情況卻是：致富的機會無處不在，在致富的機會面前人人平等。世上的財富絕對不會被少數幾個富人壟斷，世上受苦受窮的人之所以貧窮，不是因為富人們為他們設置了障礙。也許我們有可能被某些行業拒之門外，但此扇財富之門對你關閉了，必然會有另外的致富大門向你敞開，因為世界是公平的。

舉例來說，如今的鐵路運輸行業被高度壟斷，我們要想在鐵路運輸行業上有所建樹好像已經沒有什麼機會，但是我們馬上可以觀察到新的交通運輸方式——電氣化運輸正在蓬勃發展並有望成為今後運輸業的主流，這裡不正潛藏著許多致富的機會嗎？再者，航空運輸業也會在不久的將來壯大起來，並且這一行業及其所帶動的附屬分支機構也將提供無限商機和數以百萬的就業機會。我們為什麼只能專一而目光短淺地看到鐵路運輸業，而不將眼光和目標放長遠一些，而密切關注未來有巨大潛力的電氣和航空運輸業呢？我們為什麼只想著去爭搶那現在的財富蛋糕而不去創造新的蛋糕呢？

打個比方，如果我們只是鋼鐵托拉斯企業中的一名普通職員，那麼我們就很難有機會在此行業裡做出一番驚天動地的事業，但如果我們稍稍思考一下致富的「特定方式」，轉換一下尋找致富的途徑，辭去鋼鐵托拉斯的工作，置買幾十畝田地，種上各種糧食作物，開始經營糧食生意和食品加工生意，只要我們努力付出，勤勞工作，一定會有很好的致富機會。這就是一扇致富之門向你關閉，馬上就會有另一扇致富之門向你開啟的道理。但也許有人就會反駁說，我怎麼能輕易地買到土地呢？我要告訴這些反駁者的是：沒有不可能的事，只要你能夠以「特定的方式」行事，你就能得到你想要的任何東西。

不管人類發展到什麼程度，不管我們的生活發生了多麼巨大的變化，在不同的歷史時期就會有不同的致富機會，而這些不同的致富機會將給人們指示不同的前進方向。猶如今天的致富機會在農業，明天在工業，而後天卻在商業上。總體來說，致富的機會總會屬於那些與時俱進者，而那些膽怯愚蠢的「不識時務」者將被無情地淘汰出局。

由此我們可以得出這樣的判斷：那些目前依舊在貧困線上掙扎的貧苦大眾，不管是個人還是整個階層，他們同樣具有致富的機會。他們受苦不是因為被老闆「控制剝削」，也不是被托拉斯和財團們的「壟斷」而受窮。作為一個階層，他們的貧困境地完全是由於他們沒有按照致富的「特定方式」做事。比如，假設此時美國的工人們秉承「特定方式」行事，他們就能夠如歐洲比利時等國的工人一樣，創建出一些百貨連鎖商店或聯合企業，並可以按照自己的意願以所屬的階層進入政府，進而訂出一些有助於本行業發展的相關法律法規，不久的將來，他們就會以和平的方式確立自己的權力陣地，造福更多的人民大眾。

在此，我要強調一點，即致富的法則適用於每一個人。只要我們掌握了致富的「特定方式」並毫無懷疑地運用它去為自己造福，我們就能取得我們想要的結果。我們每一個夢想財富的人，都不應該囿於現狀，被以往的思考習慣和行事方式所束縛，而應努力順應時代的潮流，走在時代的前列，勇於創新和突破，最大限度地發掘出自身的致富潛力，尋求真正的富足人生。

我們之所以強調人人都有致富的機會，還有一個重要的因素，那便是財富的供給是源源不斷、沒有窮盡的。我們沒有必要失望地認為財富都被別人佔去了，更不應該因此而放棄努力的機會。宇宙的巨大資源供養著地球上的每一個人。以目前人類的智慧而言，我們能夠看得見的供給已經相當富足，而我們尚未發現的能源更是取之不盡、用之不竭。舊的去了，新的還會來。之所以這麼肯定，是因為宇宙空間裡存在著稱之為「宇宙能量」的物質，世界上的萬事萬物都自宇宙能量中演化而來。對於我們人類來說，宇宙能量的供給將無窮無盡。

世上萬事萬物皆出自宇宙能量的運行。宇宙能量以其不同的振動頻率，表現為不一樣的物體，宇宙能量對人類的供給無限豐厚。

宇宙空間及其物體之間充滿著宇宙能量。這種能量按照規律運行，不同的運行表現為不一樣的事物，宇宙能量具有無限的生命力和創造力，它常常會激發出各式各樣的生命。宇宙能量之巨大之豐盈，即使再創造一萬個我們所居住的地球也綽綽有餘。宇宙能量在賦形於萬事萬物的同時也展示出了其自身的博大與豐富。對於大自然的無私給予，只要我們人類對之取之有道，便能用之不竭。

所以說自然的貧乏不是貧窮者的藉口，自然界的供給足以滿足人們的各種需求，並將不斷地供給新能源。在大自然面前，每個人都有充分的權利去獲取自己的財富，每一個人都可以過上富足的生活。宇宙能量自有它自身的一套運作原理，它有無窮的創造力，它將不斷地產生新生事物。當土地資源不足，無法給人類提供足夠的食物和衣物，無法滿足人類的溫飽之時，宇宙能量就會激發人們以自己的力量重整被破壞的土地，修復土壤，而世上又將產生新的耕地或者創造出可以取代耕地的新事物來供養人類。宇宙能量是人類一切所需的來源，它的供給不會匱乏。

人類是地球上生命力較強的一個物種，總體上來說人類是越來越富有、越來越強大的。在人類的發展史上，偶爾會有某些個體遭受貧窮，那是因為他們沒有按照致富的「特定方式」行事。

譯者注：華特斯認為，宇宙間瀰散著一種具有思想的原初物質（Original Substance），世間萬物皆是它的不同表現形式。原初物質對人類的供給源源不斷。人類若能將對財富的渴望清晰地傳達給原初物質，就可達成自己的致富願望。在今天，這種萬物神祕的原初物質被科學解釋為宇宙能量，一切事物都是宇宙能量以不同頻率振動的結果，人類的思維和活動會影響到宇宙能量，並透過宇宙中的自然力量創造出我們所需要的一切。

致富的首要原則

★學會致富的思考方式

在我們的致富過程中，如果能夠以「特定方式」來思考問題的話，我們就能夠與宇宙能量一起創造源源不斷的財富。這種「特定的思考方式」便是人類的創造性思維。創造性思維是汲取財富的力量之源。我們都應該學會以創造性思維進行思考，以創造性思維指導我們致富，致富從堅信眞理開始。

永不停息、規律運行的宇宙能量衍生出了世間萬物，其中包括我們已經獲得的財富和將要去獲取的財富。宇宙的能量何其豐富，相對於人類的需求來說，宇宙只是釋放了其能量中的一點點而已。宇宙的每一個有規律的運動都會產生一種物質，我們所生存的地球上的每種有形物質和每一種運動都是宇宙能量運行的具體表現。宇宙是按照縝密的規律運行的，人類生活在規律之中，人類本身的發展就是宇宙規律的一部分。

例如，地球上的橡樹有其特定的生長規律，當宇宙能量按照橡樹的規律運行時，土地上就會有一顆橡樹種子開始生根發芽、開花結果，不斷地成長。在這個過程中，宇宙能量有其既定的運行軌跡。在其運行的一開始，橡樹並不能馬上就長成一棵枝繁葉茂的參天大樹，而是會按照一定的規律開啓其生命力，這種巨大的生命力量能夠使橡樹按照植物的特定生長規律不斷產生新的變化，經過十幾年甚至幾十年才能長成一棵參天大樹。

同樣的道理，宇宙中星球的形成也是宇宙能量按照既定的規律運行的結果。當宇宙能量以一顆星球的規律運行的時候，宇宙中就會產生一種天體，並且這種天體也會隨著宇宙能量的運行規律產生相應的運動。於是，才有銀河系和太陽系這樣的星系的形成。

宇宙中的萬物無一不是由此原理而產生並不斷運行。而在這一過程中，人類的主觀意識能量對宇宙能量的運行和更新產生了如虎添翼的作用，使得宇宙能量更具生命力和豐富性。

人類的思想力量是宇宙能量創造財富的唯一動力。只有給宇宙能量插上思想的翅膀，宇宙能量的作用才能突飛猛進，每一種思想運用到宇宙能量上都能催生出一種新事物。

人類是世間萬物的靈長，其思維被看作是地球上最美麗的花朵。人類的大腦、智慧和勞動決定了其對地球發展的巨大影響力。人是有思想的動物，人自身自覺地可以產生無數思想，人們想要創造的每一種事物都要經過他們大腦的思考，這些想法先在人腦中醞釀成熟，然後借助自然界的各種資源和能量把所想的事物創造出來。這就是人類思想參與並影響宇宙能量運行的過程。

所以，假如我們人類的思維足夠開闊，思想足夠豐富，我們就可以對宇宙能量產生不可思議的巨大影響，而這將有助於我們創造更多的財富，過著富足的生活。因此，人類若想要獲得更多更好的物質財富，就要突破貧乏的觀念，不要將目光僅僅停留在地球上本來就存在的或產生出來的事物上，而應該不斷地激發自己的思考創造力，再用這種思維去激發和影響宇宙能量，讓宇宙能量爲人類所用，與宇宙能量一起爲人類造福。只要我們的思想符合宇宙能量的運行規律，並且讓這種思想的影響力最大化，也就是說：

只要人類合理地利用了自然能源，全力以赴地按規律辦事，任何人都可以與宇宙能量達成親密和諧的合作，最終實現自己的目標。

在此，我們應該清楚認識以下三點：

首先，世間萬物源自無形的宇宙能量，宇宙能量按不同的規律運行表現爲不同的事物或運動過程。宇宙能量的供給相對於人類的需求來說無限豐富。

其次，人類的思維和人類活動能夠影響宇宙能量的運行。由此，人類可以和宇宙能量合作，共同創造無限豐富的物質世界。

再者，人是思維的中心，人類的思維無限發展，創造力便無限豐富，人類的思想越集中，信念越強烈，對宇宙能量的影響就越深遠，就越容易實現自己的目標。宇宙能量輔以人類的創造力，便成為了世界的財富之源。

但是這裡有一個最基本的前提條件要特別注意，即人類要想與宇宙能量保持和諧統一，以共同創造新事物，首要的一點是人類的思想應該是正確的，要符合宇宙能量的運行規律，簡言之就是：要按照「特定方式」去思考。其間的原因其實不難理解。例如「天上掉餡餅」、「不勞而獲」等想法是一種幻想，是不符合宇宙能量運行規律的，是沒有按照「特定方式」進行的思考，所以宇宙能量也絕對不會給這樣的幻想以任何的幫助，「餡餅」也永遠掉不下來。

那麼何為正確的思想呢？正確的思想應該如何才能獲得呢？要有正確的思想就必須去思考真理而不是思考表象，要思考事物的本質而不是思考事物的形式。

我們每一個人天生就有思考的能力，但每個人的思考深度不一樣，有些人的思考只能停留在表象上，而有些人的思想卻能深入到本質。思考表象容易，但要透過表象去思考本質和真理卻是難上加難，其間要付出常人難以想像的努力。所以，真正能夠正確運用思考能力創造出財富的人總是少得可憐。

進行持續地深入思考是一件非常艱辛的工作，很多人都望洋興嘆。尤其是當事物的表象和其真相極其相似的時候，挖掘真相的工作就顯得越發的困難，常常令人難以為繼。現實世界中的每一種表象都將在人腦中留下一個相應的圖像，而往往我們很難確定這個圖像是事物的本來面貌還是一個錯覺。要想避免產生錯覺，人們就必須堅持不懈地去探尋事物的本質，找到真正的答案。

例如當我們看到貧窮的表象時，在我們的大腦裡就顯現出一幅貧窮的畫面。而如果我們因此就確信這個世界上貧窮的存在是合情合理的，那麼貧窮真的就會伴隨我們的一生。相反地，如果我們從認識事物的本質出發，堅信這個世界本來就不存在貧窮，世界擁有的只是富足，我們所見之人也不是窮人而是正在走向富裕的人們，並且我們一直保持這樣的信念的話，富足的生活就離我們不遠了。

所以，當我們面對疾病的表象時，我們就應當去思考健康；當我們身處貧窮時，就應當去思考財富。但要進行這樣的思考，我們需要強大的力量，唯有具備這種力量的人才能掌控自己的思維，掌握自己的命運，做生活的主人，最終擁有自己想要的一切。那我們怎樣才能獲取這樣的強大力量呢？

力量源自於我們「特定的思維」。我們必須要堅守一個最基本的事實，即按照「特定方式」進行正確的富有創造性的思考。我們的思考應該能夠引起宇宙能量的重視和青睞，使它願意與我們親密合作，去實現我們心中美好的理想，共創美好的新生活。

這便是致富的第一要則。能夠認識並堅信此真理，在困難面前我們將所向披靡，無所畏懼。因為我們已經知道，我們可以改變自己的處境，可以掌控自己的命運，可以創造我們想要的一切，可以獲得我們所想要的一切。總之，我們可以成為我們想要成為的人。

要走好致富的第一步棋，我們必須堅信前文所強調的三點認識，為此，我們再來重溫一遍，加深一下對這三條論斷的印象：

首先，世間萬物源自無形的宇宙能量，宇宙能量按不同的規律運行表現為不同的事物或運動過程。宇宙能量的供給相對於人類的需求來說無限豐富。

其次，人類的思維和人類活動能夠影響宇宙能量的運行。由此，人類可以和宇宙能量合作，共同創造無限豐富的物質世界。

再者，人是思維的中心，人類的思維無限發展，創造力便無限豐富，人類的思想越集中，信念越強烈，對宇宙能量的影響就越深遠，就越容易實現自己的目標。宇宙能量輔以人類的創造力，便成為了世界的財富之源。

在我們的日常生活中，我們必須拋棄其他一切雜念，把所有心思放在開發自己的創造性思維上。以上的三條理念我們要牢牢記在心中，並把它變成日常的思考習慣，不斷地去誦讀它，思考它，對它裡面的一字一句理解透徹並對它堅信不移。

對此信條，我們不要有絲毫的懷疑，當我們對它稍有疑惑時，就應該迅速地將疑惑掃除乾淨；我們也不要去聽信別人對此的負面評論，遠離那些干擾我們的演說和布道；也不要去閱讀那些與此信條不相符的書籍報刊和雜誌。如果我們任由這些雜念打攪我們，我們之前的種種努力都將前功盡棄。

記住：不要問為什麼，也不要去追究這些真理為何正確，更別對其正確性抱有懷疑，你只需要接受它，相信它，並按照它的指示努力行動。

致富之路便從絕對接受這些真理開始。

讓你的生命更加豐富

★完美的人生始於致富

我們不得不承認，現實中的許多人都在浪費生命，任由自己生活在極度的困頓之中而不知進取。我們沒有權利讓寶貴的生命在困頓中萎縮、老去直至死亡。致富能夠改變這種現狀，對財富的渴望本質上是對更加完美的人生的渴望，追求財富也就是追求更高品質的生活。而我們對自己、對他人最負責的行動便是：充分地發展自己，最大限度地實現自我的人生價值和社會價值。

現實生活中有一種非常危險的想法，即我們正在遭受的貧苦生活是上帝的旨意，只有歷經貧困和苦難後我們才能更好地侍奉神明。但是，此時此刻，在我們的這本書中，我要呼籲廣大讀者遠離這種腐朽的思想，因為真正仁慈的值得敬仰的神靈是不會眼睜睜看著大眾受苦受難的，祂不會讓勞苦大眾繼續在困頓中消耗生命，讓寶貴的生命在困頓中萎縮、老去直至死亡。我們自己，包括需要我們侍奉的父母和子女，都應該遠離這種思想。

宇宙能量孕育萬物，又根植於萬物之中，萬物是宇宙能量的載體，當然也包括人類的身心。自然界裡的生命智慧所折射出來的巨大力量賦予萬物一種本能的天性，不斷尋求生命的生生不息和最大限度地實現自我。這是自然的選擇，是千千萬萬的生命得以延續和發展的本性。

一粒種子落在地裡，開始生根、發芽，逐漸成長。在其生長的過程中，成熟後的果實又孕育出新的成千上萬的種子。一粒種子的生命便是以這種方式繁衍其後代，使其種群得以不斷延續下去。

人類智慧的增長也同樣遵循這樣的規律：第一種思想的形成都將衍生出更多的新思想，於是，我們的思想越來越豐富，同時，我們的思維也得以不斷拓寬。我們運用創造性的思維去發現一個事實的真相，而每一次這樣的發現都將幫助我們獲取更多的事實真相。

由此，我們的知識得以豐富，我們的命運得以改變，我們生活得更加充實；我們要聽從生命的召喚，不斷地行動，不斷地探尋，不斷地發掘，不斷地超越，去贏得生命的豐盈。然而，要實現這所有的一切，首先應該從學會致富開始。

我們對財富的渴望本質上是對更加完美的人生的渴望，追求財富也就是追求更高品質的生活。

我們要把每一個渴望看作是一份努力，這份努力可以將潛在的可能性轉化為現實的擁有。人類的內心天生就有一股無形的力量，它和宇宙中萬物生長的力量一樣，在你深刻認識到它之後，會激發出你對財富的熱望。生命無不如此，它永遠在追求更大更充分的自我實現與自我表達。宇宙能量也同樣遵循這一法則，它同樣「渴望」更加美好的生命表達，所以，宇宙能量也有一種天性，即不斷地創造出更加豐富的物質世界。

因此，當我們自覺地意識到要追求生命的最大價值的時候，我們就與宇宙能量達成了一種共識，與大自然的規律取得了一致，我們就能夠與宇宙的無窮力量共存。而這個時候宇宙會對我們不懈追求幸福的堅強所感動，它會幻化出一切我們想要得到的東西，世上的一切也自然地為我們而存在。我們的思維和意識具有如此強大的影響力，為何還不趕快行動呢？

下定決心相信這一真理吧！致富能夠讓我們自由自在地享受美好的人生。饑餓時，我們有食物；乾渴時，我們有甘泉；勞累時，我們有遊玩休閒的機會。我們還能擁有更多的精美的物品；可以自由自在地馳騁在廣博的大地上；可以讓自己的才華得以充分地展現，讓自己的精神獲得滿足；我們更能夠多多行善，施愛於人，讓所有人有福同享我們能夠給世人、給後人留下寶貴的物質和精神財富，讓良知和真理永存。這便是我們人人都在嚮往的完美生活。

此外值得一提的是，當我們過著富足的生活，具備足夠的「給予」力量之後，也請記住，不能以犧牲自我去幫助他人。什麼事情都要有限度，要把握好這限度。因為，這不是一種善意之舉，而是對自己極不負責的行為，是一種目光短淺之舉。我們要明白，極度的無私並不比極度的自私更高尚，因為極度的無私和極度的自私都將造成生命的缺憾。

請你務必打消這樣的觀念：人人都應該為幫助他人而犧牲自我。我們對自己、對他人最負責的行動應該是：充分地發展自己，最大限度地實現自我的人生價值和社會價值。每一個人都應該充分地發展他自己，只有當他自己無比強大富有的時候，他才能更有能力去幫助和影響周圍的人，也就更有利於他人。

我們要發展自己，就需要足夠富裕的生活作物質保障。由此可以推斷出：人人都應該重視致富，並努力去掌握獲取財富的學問。

致富的基本法則便是人類的創造。宇宙能量如此豐盈，它的不斷運行使得萬事萬物更加美好，它也有足夠的能力使之變得更加美好。智慧的宇宙、富有規律的自然界都一致鼓勵人們去創造財富，而堅決否定人們從他人那裡奪取財富。因此，我們應該杜絕財富競爭的思想，學會創造新的財富，不要企圖把那些已經創造出來的財富據為己有。

「創造財富」是一個大學問，當我們徹底地明白它的道理時，我們將信心百倍地去追求財富；我們將摒棄巧取豪奪、尖酸刻薄、行騙欺詐等等不道德的行為；我們將不再對他人的富裕抱有敵意和貪婪的目光。因為在此時，我們自己就是財富的主人，我們堅信：別人能夠擁有的，我們同樣可以擁有。我們相信自己的神奇創造力是財富的不竭泉源。

我們不要做一個競爭者，而要成為一個真正的創造者。在我們以「創造致富」的理念指導自己的行動時，我們就一定可以得到想要的財富。並且，我們能夠帶動身邊更多的人走向富裕，整個人類社會因此而不斷進步，世界也因此變得更加豐富多彩。

不可否認的是，這個世界上確實存在一些人，他們透過一種完全背離「創造致富」的理念或手段獲得了大量的金錢。這便是財富競爭的結果。對此，我想說明的是，這些以競爭的方式致富的人們或許在有意無意間運用了宇宙能量的運行規律而成為了財富的主人，他們在一定程度上也確實有利於人類的幸福。例如在工業革命的帶動下，洛克菲勒、卡內基、摩根等人使得工業生產更加系統化和組織化，極大地改善了人類的生活。這是人類進步過程中必要的一步，這些人也許在無意間扮演了宇宙能量使者的角色，並因此獲取了巨大的財富。但是，托拉斯們很快就要走到盡頭，即便他們創建了大規模的工業生產，卻也因此提供了更多變數，一種新生力量已經在孕育，不久就將取而代之。這些億萬富翁們就猶如史前迅猛的野獸一樣，雖然他們的進化在地球上發揮了重要作用，但其強大的力量最終也將使之毀滅。

依靠競爭奪取財富，永遠也無法讓人們得到真正的富足。在「競爭致富」的過程中，財富就像是一個球，今天在他手中，明天也許就到了你手中，後天又會屬於另一個人，而期間有許多的不確定性和不可靠性。如果我們想擁有真正的富足，就要立刻摒棄這種致富方式，不要以為財富的供給已經到了極限，而是要運用科學的正確的方式致富。認為所有的財富都已掌握在他人的手中，認為財富蛋糕已快被瓜分殆盡，而我們只有努力去奪取剩餘的那一點點財富的思想是極其錯誤的。若被這種競爭意識束縛的話，我們將失去寶貴的創造力，我們將永遠與財富無緣。

永遠不要覬覦現成的錢財，而要把我們的注意力投入到宇宙能量所能創造的無限財富當中。要知道，財富正快步向我們走來，速度就像我們接受和運用它那樣快。沒有誰能夠透過壟斷現有的錢財而阻止我們富裕起來。

因此，我們不要也不應該認爲，假如我們行動過慢的話，在我們在爲蓋房子做準備之前，所有的黃金地段都已被別人瓜分掉了。我們永遠也別擔心有什麼人或者什麼事物會阻礙我們去獲取自己想要的結果。這樣消極的「打退堂鼓」的思想是我們「創造致富」的最大殺手，我們千萬不要因此消沉和洩氣。這種消極情況是不會發生的，因爲我們沒必要去奪取別人的東西。我們是透過自己的創造力爲自己造福，宇宙能量將爲我們所用，財富的供給也將源源不斷。

我們要毫無懷疑的堅信：

宇宙能量運行於一切空間，它有其自身的規律，而相對於人類來說，宇宙能量是無限豐富的，只要人類能與這種超然的力量達成統一，就能實現所有的財富夢想。

財富是你吸引來的

★君子愛財取之有道

我們經常聽說一些「爲富不仁」的眞實故事，難道「爲富」眞要「不仁」嗎？其實，正確的致富之道還是要遵循「君子愛財，取之有道」的古訓。我們給予他人的，應該比從他人那裡得到的要多，雖然這看上去好像吃了眼前虧一樣，但從長遠利益來看，這才是致富的法寶。創造財富需要正確的思考和積極的行動，以善意和友好之心與人進行公平交易，才能在獲取眞正的富裕的同時爲社會做出貢獻。

在致富的過程中，總有些人急於賺取錢財而使用一些不人道甚至是卑劣的矇騙欺詐、損人利己的手段來劫取利益，以爲透過這樣的方式可以快速致富。而事實上，這是一種極其狹隘、極其沒有眼光的致富意識，有這樣想法的人永遠也成不了真正的富足之人。我們應該摒棄這種想法和作法。在生意場上，我們會為了獲得更大的利潤而與客戶討價還價進行談判，這是交易過程中非常正常的行為。但我們絕對不能只為了眼前的利益而讓雙方的交易建立在不公平的基礎之上，並企圖在交易中謀取不該得的實惠和利益。不但如此，我們的正確作法應該是：我們給予客戶的，應該要比從客戶那裡取得的更多。為何要這樣說呢？

一般情況下，正常的交易過程中，交易雙方的利益應該是等值的。這樣生意才能做下去。但是，我們完全可以回報給他更多的使用價值。比方我們手裡的這本書，製作它的紙張、油墨以及其他材料的成本加起來可能不值這本書的價格。但是，本書的使用價值卻遠遠大於其訂價。它提供給讀者的致富法則能夠給千千萬萬人帶來成千上萬的財富。這樣看來，圖書銷售員只從讀者那裡獲取了少量的現金，卻給他們送去了金錢買不到的價值——致富的法寶。

再讓我們設想一下，假如此刻我的手上有一幅出自名家的絕世名畫，只要將此畫拿去一個文明的國度裡出售，它的價格不下於千萬美元。但如果我把它帶到地球北端格陵蘭附近的一個偏遠的叫作巴芬灣的地方，並試圖說服一個愛斯基摩人用他的一捆價值為五百美元的獸皮來換取這幅名畫，這樣的交易會產生什麼樣的結果呢？這個愛斯基摩人一定會覺得上當受騙，因為在那個十分不發達的地區，一幅名畫就如同一張廢紙一樣沒有任何市場價值，而這幅畫對於那個愛斯基摩人來說也沒有任何使用價值，不能給他的生活帶來任何實質性的幫助。

但是，我們換一種物品與這個愛斯基摩人進行交易的話，他可能就會獲益不小。比如我們用一把價值五十美元的獵槍去換取他的那捆獸皮，這樣的交易對雙方來說都是非常公平合理的。因為，獵槍對於一個靠打獵維生的人來說，無疑為他的生計帶來了巨大的助益，他的生活品質會因此得以改善，甚至有可能使他成為當地一個非常富有的人。

在交易中，我們從對方那兒獲取了現金，一定要讓對方從我們這獲取比這現金更多的使用價值。我們之所以要這樣做是因為在我們的每一次交易中，我們都可以透過這樣的方式為整個人類社會做一番小小的貢獻。如果我們身邊的每一個人都有這樣的胸襟和氣度，本著為整個人類的幸福努力奮鬥的決心，以此法則與客戶做交易，那麼，我們就能吸引更多的客戶，擴大自己的經營範圍，增加收入，就能累積更多的財富，為自己和他人造福。

當我們不再以競爭的方式致富而是以創造財富的方式致富時，我們就能夠正確地判斷自己的每一筆交易是否合適合理。如果我們給予對方的使用價值不及對方支付給我們的價錢，那就立即停止這樣的交易吧。我們要謹記：

在商場中永遠都不要佔別人的便宜，不要去損害他人的利益。當我們所從事的工作逼著我們去做有損他人利益的事情時，那麼請立即放棄這份工作吧，因為在這樣的工作環境中我們永遠也別想獲取財富。

又如，我們開辦了一家企業或公司，我們就要支付給員工一定的工資，但是由於我們必須依靠公司的利潤來不斷壯大規模，於是我們給員工的工資必然要低於他們所貢獻的現金價值。儘管如此，我們還是應該透過其他途徑讓員工從公司獲益。比如我們可能透過良好的組織和管理使自己的企業充滿了積極進取的機制，而任何一位積極上進的員工都可以在自己的工作過程中獲得些許進步，因而得到工資之外的回報——難得的自我成長。

我們要讓自己的企業如本書一樣，成為員工致富的奠基石。我們要在確保員工在獲取一定的薪水的同時，給他們提供更多更好的實現自我的機會，這就需要我們努力將自己的企業變得更好。當然前提是員工們應該有進取之心。試想一下，如果我們企業每一天都在朝著更好的方向前進，這無疑能夠為企業裡所有員工增加富足生活的可能，這樣的企業，又有哪個員工不會為之甘心付出呢？企業的進步會給員工帶來強大的動力和積極性，而員工的每一份努力都將促進企業進一步向前發展。我們企業能做到這樣，怎麼會不受歡迎呢？

此外還有一點要引起大家的注意，即宇宙能量是不會自動將財富送到我們手中的。我們只有透過自己的強烈意識去影響宇宙能量，去激發它，讓它為我們造福。而更重要的是我們要將這樣的意識和想法付諸實踐，用行動來證明我們的渴望，用行動去實現我們的夢想。

比方說我們想擁有一台縫紉機，縱使我們在心裡頭想它想得發瘋，如果不付諸行動的話，縫紉機永遠也不會出現在我們面前。反之，我們要在強烈的渴望之下努力去尋找得到它的機會，積極地去蒐集相關資料，與生產廠家取得聯繫，準備好購買它的資金。等我們將這一切都準備完畢之後，我們就要再次運用擁有一台縫紉機的強烈願望去影響宇宙能量，加上我們的實際行動，一台夢想中的縫紉機就會來到我們身邊。當縫紉機要到來的時候，即使我們身在緬因州，也會有一位來自德克薩斯州甚至是日本的銷售商與我們進行交易，這時，縫紉機就會屬於我們了。在這個過程中，我們終於得到了我們想要的物品，而對方也取得了他應有的商業利潤。

所以，我們時時要記住：以善意和友好之心與人進行公平交易，並且我們要盡量給予別人多一些。抱著這樣的美好信念去影響宇宙能量，去積極行動，我們就一定能夠獲取財富，得到我們想要的一切，就如同將得到那台縫紉機一樣。

宇宙能量富有規律的運行和其強大的力量能夠讓萬事萬物變得越來越美好，而每一種美好的事物都將最終依靠我們人類中的每一個人去實現和表達。因此，我們還在猶豫什麼呢？還在懷疑什麼呢？我們完全可以透過正確的方式取得更多美好的東西。我們不必去巧取豪奪，不必去蒙騙欺詐，不必去做任何損人利己的事情就能與宇宙能量取得和諧一致，實現自己的財富夢想。

也許要大部分人接受這一觀念並不是一件容易的事，甚至會十分困難。因為世上有太多的人僅僅死死地盯著他們目所能及的財富，以為自己再不出手爭奪就再也沒有機會致富了，於是殘酷的競爭開始了，損害他人以利自己的事情也普遍起來。而如果這些人能用心體會一下本書的內涵，並堅信書中的觀點，他們就一定可以獲得他們本來想要的財富，他們的生活就會更加愉快、更加從容、更加有意義。

宇宙能量運行於一切空間，它有其自身的規律，
而相對於人類來說，宇宙能量是無限豐富的，
只要人類能與這種超然的力量達成統一，就能實現所有的財富夢想。

CHAPTER 7

感恩讓你更加富有

★感激是一種巨大的力量

以感恩之心對待我們的周遭事物，我們將獲得更多的感恩。感激之情讓我們與世上所有的美好事物產生共鳴，能夠將美好的事物吸引到我們的身邊來。感恩是一種美好的品德，我們要將感恩變爲一種習慣，時時刻刻心懷感激，我們也將因此獲得更多的幸福。

我們在前面幾章裡提到了致富的第一步，即將致富的願望傳遞給宇宙能量。而在本章，我們要來學習一個新的觀點：為了對宇宙能量產生更加強大的影響力，為了能夠實現我們的致富目標，我們必須以一種和宇宙能量相一致的方式與之進行密切的聯繫。

當我們的願望與宇宙能量取得和諧一致的時候，我們就能夠與它保持密切的聯繫，與它進行積極有效的合作。對於每一個渴望致富的人來說，宇宙能量的和諧關係都至關重要。那麼，我們要怎麼做才能與宇宙能量取得一致呢？這就涉及到人類的精神和心態層面了。為了實現這些和諧的聯繫，我們必須在精神和心態上做出適當的調整。我們可以將這種調整概括為：心存感激之情。

心存感激，我們要相信天地間存在著宇宙能量。宇宙能量的供給源源不斷。我們要心存感激，堅信宇宙能量能幫助我們創造我們想要的一切。只有依靠濃厚的感激之情，我們才能和宇宙能量達到和諧一致。

許多人之所以一直過著貧窮的生活，主要原因在於他們缺乏最基本的感激之心。有時，他們在得到了他人的幫助後，卻因為缺少感激之情而中斷了與對方的聯繫，從而失去了改變其命運的機會，也就談不上能夠過上富足的生活。

我們要相信這句話：「感激將帶來更多值得感激的東西」。感激之情擁有巨大的力量。心裡總是懷有感激的善念，我們的思想就能夠與世上的一切美好事物產生共鳴，並將它們吸引到我們的身邊。這裡就包括我們渴望得到的財富。感激之情的力量讓我們的思想與心態十分健康，讓我們的思想時刻與宇宙能量保持良好的聯繫和溝通。因為我們之前取得的財富是嚴格按照致富的「特定方式」得來的，感激之情也將繼續引導我們沿著正確的致富之路不斷前行，我們的創造性思維得以和諧統一，競爭思維將遠離我們。感激之心讓我們的心胸變得無比寬廣，能夠在更高的層面上看待所有問題。我們能夠正視一切事物，使我們永遠保持積極樂觀的心態；我們因此可以避免陷入「財富是有限的」這一認知盲點，並在致富的道路上掃除這一最大的障礙。

我們常常聽到宗教教義裡的宣言：「你接近上帝，上帝也接近你。」同樣的道理，我們越接近財富，財富就越接近我們。

心存感激之情的美好心態會引領我們密切關注身邊的美好事物，與一切美好的事物更為親近，財富也離我們更為親近。這就可以使我們更容易發現、尋找和創造致富的機會。

相反地，如果我們缺乏感激之情，我們就總是陷入到異常糟糕的境地，漸漸地就對周遭的一切事物產生了不滿情緒，越來越看不慣美好的事物，越來越挑剔身處的環境，對別人的富足也終日抱著敵視的態度。如果我們任由這種腐朽的思想佔據我們的頭腦之中，我們就會逐漸失去致富的基礎和機會，並開始在瑣碎、消極、狼狽和骯髒的生活中沉淪，永不得翻身。我們的思想中也不斷充斥著這些不好的現象，並把這些思想傳遞給宇宙能量，從而衍生出越來越多的瑣碎、消極、狼狽和骯髒甚至卑鄙的事物，這些東西在我們身邊越積越多，直至把我們完全毀滅。

如果我們任由自己的心思去關注這些陰暗的事物，我們自身也將變得陰暗，我們將不再用心去關注和探尋世間的美好事物，當然也就與財富無緣了。請謹記：我們關注什麼，我們的腦袋裡想些什麼，我們內在的創造力就會將我們的所思所想展現在我們面前。

那些心存感激之情的人則會常常思念著世上的美好事物，會把注意力集中在最好的的事物上。而當他們有這樣的想法時，他們內在強大的創造力就會讓他獲取他所想的，把他變為一個最優秀、最成功的人。他們時常與美好的事物接觸，自然能夠從這些美好的事物中感受到美好的特徵，接收到大自然最美的恩賜，讓自己的人格更加完美。

感激之情帶給人們堅定信念，感激之情使我們總是對美好的事物懷有積極的期盼。這樣，種種美好的期盼就能夠生成美好的信念。當一個人的感激之情作用於他的意識之中時，信念就形成了。他流露出的每一個感激的目光都會讓他的信念更加堅定。而一個沒有感激之情的人是不會持有這樣的信念的。沒有積極的信念，我們如何能夠「創造財富」呢？不能以自己的創造力生財，我們又怎能富裕起來？

所以，每當我們得到別人的幫助或恩賜之時，我們都應該在內心培養感恩習慣，這非常必要。不但如此，我們還要長久持續地保持這種感激之情。

面對一些超級富翁和壟斷巨頭們的種種為富不仁的行為，我們沒必要浪費時間去關注或憎恨他們，從某種意義上說，他們的存在為我們提供了許多致富的機會。況且，我們的關注和批評對他們來說也起不了什麼作用，他們是不會因此而改變的，更不會因此從地球上消失。

請記住：一定不要讓消極的情緒佔領你的頭腦，不要在消極的事物上花費時間和精力，更不要對社會懷有敵意，而要感激世界上的一切事物，對社會懷有博愛之心。感激之情會促使我們與所有的積極事物保持和諧的聯繫，越來越多的美好事物就會因此來到我們身邊。

描繪你的致富夢想

★向宇宙能量傳遞你的致富願望

眞正的成功者在充分享受夢想帶來的快樂的同時，一定會借助這種精神來堅定自己的致富決心和信念，並堅定不移地將這樣的信念清晰地傳遞給宇宙能量。宇宙能量會引領他去實現自己的財富夢想。在致富過程中，我們要將自己的致富夢想清晰地表達出來，牢牢地掌握住我們的致富方向，這將更有助於我們達到富裕。

對致富的哲學我們已經有了初步的瞭解，我們已經知道實現致富應該遵循「創造致富」的法則，要以和諧的方式把我們的致富願望傳遞給宇宙能量。

為了更好更快地實現我們的致富願望，我們必須要清晰地、具體地描繪出自己的致富前景，讓這種致富前景在我們的腦海中留下無比深刻的印象，就好像它已經在我們的腦中存在了許多年似的。在這一致富前景中，其畫面中的每一處細節，每一點內容都應該是非常明確的，就好像它已經實現了的模樣。

為此，我們在勾勒自己的致富願望之前，一定要反覆地問問自己：我希望獲取到多少財富？我希望從事哪一行、哪一業？我想讓自己成為什麼樣的人？而事實上，對於這些問題有許多人都沒有明確的答案，只是在頭腦中隱隱約約有一點模糊零碎的念頭。這點念頭猶如一團迷霧籠罩在我們周圍，使我們根本無法清晰準確地向宇宙能量傳遞自己的致富願望。

要想實現富裕的話，僅僅只有籠統的「我要過富有的生活」的願望是遠遠不夠的；因為，每一個人都會有這樣的想法，這是一種本能的渴望——希望自己的生活變得更加舒適，希望自己能夠到處觀光旅遊，希望自己能有更多的財富享受高品質的生活。每一個人都會這樣想，這種寬泛的簡單的想法絕無可能形成強烈的致富願望，不能構成一幅清晰的財富願景，也就不足以給我們自己、給宇宙能量以強大的影響力和推動力。

這就像我們給親朋好友發電報或者發送電子郵件一樣，我們一定不會只發給他們二十六個簡單的字母，也肯定不會只從字典裡隨便找一些單詞來發給他們，而是會根據自己的生活經驗，用一些連貫的、思想清晰並且有明確涵義的語句傳給他們，讓他們能夠領會我們想表達的想法。與此同理，我們的致富願望也要用一些明確的、完整的、準確且容易被理解的話語表達出來，傳遞給宇宙能量。不然，我們頭腦中朦朧的想法就無法引起宇宙能量的注意，我們就無法發揮它的作用，無法實現自己的財富夢想。

我們要時時刻刻謹記自己的願望，在心中無數遍地重複這種願望圖景，讓它清晰地持久地佔據我們的整個思維領域，就如同船上的水手要牢記自己的目的地一樣。

我們的目光所及之處都應該是這一願景，我們要好好地掌控自己的致富方向，讓它不偏不移，讓它準確無誤。

當我們將自己的致富願望變成一幅清晰的圖畫刻印在我們頭腦中時，我們就可以全力以赴去行動了。在平時，我們只需要在休息的時候重溫一下這一圖景，稍微思考一下自己的大方向就可以了。致富的願望已經成為了我們日常生活中的一部分，我們無需再為此耗費心思，苦思冥想，無需時刻去祈禱和懇求，更無需舉行什麼特殊的儀式。我們要做的只有兩件事情：一是此時我們正想要的是什麼；二是促使自己愛上這些想要的事物。我們要為自己想要的事物癡迷，讓它們再也不會從我們的腦海中消失。

其實，我們如果真正嚮往一件心儀的事物的話，它自然而然就會出現在我們心中，而那些我們並非真正嚮往的事物才需要我們努力集中精力去苦苦思索。試想一下，當你無意中碰見了一位你十分中意的女孩，從此你為她朝思暮想、茶飯不思，這種狀態還用拚命去練習嗎？

我們要把自己的致富願景牢牢鎖在心間，要想過富足的生活，我們的致富方向就要像指南針的指標一樣永遠指向北極，否則，我們就沒有必要花費心思來學習和實踐本書的致富法則。

真正致力於致富的人們樂於努力克服自身的缺點，渴望擺脫安逸的現狀，並為最終實現富裕而不懈奮鬥。本書的致富法則就是為這些懷有強烈的致富願望的人們準備的。

總之，我們越努力明確地勾勒自己的財富願景，越用心思考願景中的每一個細節，我們的願望就越來越強烈。當我們用盡全身力量去思索財富時，我們就能夠輕易地喚醒內心的潛能，激發宇宙能量為我所用。相反地，如果我們只是一味地駐足觀賞財富的圖景，整日陶醉於自己為自己編造的幻想之中而不付諸實際行動的話，我們就成了一個十足的空想家，成了一個毫無力量去改變自己命運的廢人。

空想家與成功者有著本質的區別：真正的成功者在充分享受夢想帶來的快樂的同時，一定會借助這種精神來堅定自己的致富決心和信念，並堅定不移地將這樣的信念清晰地傳遞給宇宙能量。宇宙能量會引領他去努力行動，直到實現自己的財富夢想。在致富過程中，我們要將自己的致富夢想清晰地表達出來，牢牢地把握住我們的致富方向，這將更有助於我們達到富裕，但是，行動與描繪願望同樣重要，甚至更為關鍵，沒有行動，就永遠得不到財富。

要想發揮我們強大的意志力量，我們只需把意志安放於內心深處，
讓它成為我們靈魂中的重要組成部分。這才是正確運用意志力量的最佳方式。

致富要有意志力

★善用意志這一最佳驅動力

我們都知道人類的意志是一種力量，學會以積極的正確的意志力幫助我們排除貧窮的困擾，用我們的意志力堅定自己的致富信念，將意志力隱藏於心，時時護衛我們免受貧困的打擊，用意志力驅趕貧困，讓貧困在我們面前永遠消失。

致富必須遵循科學的方式。要想實現自己的致富目標，我們就必須對宇宙能量施加積極的、善意的影響，而不是強迫威脅性的影響。我們無論如何也不應該將我們的意志強加給其他人或任何事物，試圖透過他們來實現我們的財富目標。我們沒有權利這樣做，我們也沒有必要冒這種風險。

我們應該清楚，企圖把自己的意志強加給他人，濫用精神力量控制他人並驅使他人按我們的意志行事的行為與用暴力使他人淪為奴隸的作法同樣卑鄙和無恥。雖然兩者使用的手段不同，但本質上是沒有區別的。使用武力去搶奪他人的財物是強盜行徑，利用精神力量從他人那裡騙取財物同樣是強盜行為，甚至是更為可恥的大盜行為。我們千萬要避免這樣危險而愚蠢的作法，因為這樣做的話，遲早會受到懲罰，為人所不容。

我們還要明白，即使是本著「為了他的利益」的美好動機，我們也無權將自己的意志強加於人。因為，我們根本不知道什麼東西才對他人有益，換句話說，我們怎能知曉他人的真實內心呢？本書所強調的致富法則堅決唾棄利用手中的權力去控制他人的行為，無論在何種情況下，我們都不要去干擾和損害他人的利益。這樣做於人於己都是有害而無益的，並且，不管使用何種方式，以自己的意志控制他人的作法都將事與願違。

我們根本無需強求任何事情使之符合我們意志。試圖希望整個世界的所有事物都能聽從他的指揮和調遣的人是十分愚蠢的、沒有遠見的。這種想法只會讓我們的思想變得更為貧乏和平庸。

我們不必希冀天上會有餡餅掉下來，就像我們無需企圖利用自己的意志力讓太陽升起來一樣。要想發揮我們的強大意志力量，我們只需把意志安放於內心深處，讓它成為我們靈魂中的重要組成部分。這才是正確運用意志力量的最佳方式。

我們的意志能夠促使我們去進行正確的思考和行動。所以，在進行每一次思考和行動之前，我們都要啟動意志的力量。正確發揮意志的力量，引導自己的思想和行動走向正確的軌道，使自己始終能夠按照「特定方式」去取得自己想要的東西，這便是在致富過程中正確運用意志力量的方法。

千萬不要透過表達自己的意志、思想，展現自己的內心，來達到掌控他人的目的。我們只需將意志力收斂於內心，這樣才會更有利於實現我們的財富願望。

用自己的意志力量努力描繪出清晰的致富願景，並對此願景滿懷堅定的信念和決心，這是成功獲取財富的關鍵所在。意志力可以幫我們篩選對宇宙能量的影響，祛除消極的影響，保留積極的影響，讓我們更快學會致富的法寶，達到生活富足。為此，我們在平時要善於控制自己的思想，保持意志力的相對穩定。

我們還應該明白：美好信念的形成取決於我們日常所關注和思考的對象。

因此，我們必須運用自己的意志去把握好關注的對象，使自己的注意力終始關注那些積極的正面的美好事物。在我們的大腦中，那幅致富的圖景反映的應該是美好的願望。只有這樣，我們才能給自己、給宇宙能量一種積極的暗示和影響。如果沒有運用好意志力量的話，我們的意志越堅強，信念就越堅定，在我們追求財富夢想的過程中，其對我們的損害就會越大。

從意志的強大力量上來看，我們想要得到什麼，就應該用心去關注它，而不是關注它的反面。所以，我們要健康就不要去思考疾病，因為健康的體魄與健康的心靈是相輔相成的；我們要正義就不應該關注罪惡，正義的品格只源自於對美好事物的熱切嚮往和追求；同樣的道理，我們要富裕就不要去關注貧窮，任何人都不可能透過思考和研究貧窮而使自己變得更為富足。

我們每一個人的首要任務就是要讓自己獲得財富，然後去影響依然生活在貧困之中的人們，讓人人都去努力致富，世界上的窮人才會真正變少。這才是我們幫助窮人的最好方式。

如果我們的大腦充斥著貧窮的陰影，時常被貧窮所困擾，我們又如何去描繪美好的事物？我們又怎能勾畫出清晰的財富圖景？如果沒有對財富等美好事物的追求，我們又怎麼會擁有堅定的致富信念？沒有堅定的致富信念，我們怎能走向富裕呢？也就是說，瞭解了貧窮對我們又有什麼好處呢？我們對貧窮再熟悉，也改變不了貧困的現狀，也消除不了貧窮的存在。消除貧困的唯一辦法只能是徹底地抹掉大腦中的貧窮印象，給自己足夠的信心去追求財富，走向富足。

請行動起來吧，讓貧窮從地球上徹底消失吧。無論富人如何關注貧窮，貧窮都不會消失，只有每一個窮人都擁有了致富的決心和信心，擁有了致富的堅定信念，富足才會代替貧窮。希望越來越多的人們能夠實踐本書中所講述的致富理念，以實際行動證明人人都可以成為富有者，這才是消除貧窮的唯一辦法。

大家還要注意一點，只有創造才是致富的根本。掠奪或競爭與自我毀滅沒有兩樣。致富必定源於人類的創造力。試圖使用任何的狡詐手段都是與致富法則相違背的。透過競爭和巧取豪奪得來的財富，終有一天別人會以同樣的方式從你手中奪走，而唯有依靠自己創造出來的財富才會永遠不會離開我們。

讓我們不再為貧苦的命運傷感，不再被貧苦的表象蒙蔽；讓我們不再關注貧窮的報導，不再說有關於貧窮的隻言片語。之所以告訴讀者不要關注貧窮，不是要讓大家都變得鐵石心腸、冷漠無情，而是要鼓勵大家勉勵自己，為自己加油，號召大家關注致富，正確運用自己的意志力量加強我們的致富信念，讓貧窮從此消聲匿跡，讓富裕充滿人間。

深層次地運用意志力

★全身心地關照財富

讓我們始終相信這個世界上的貧窮只是暫時的表象，世界本是富足的，也將永遠是富足的。越發關注貧窮我們就越難擺脫它，請好好運用我們內心更爲深層的意志力吧！讓它始終關注財富，關注正面的訊息。

如果我們總是把注意力集中在關注貧窮和悲慘的生活上，不管是現實中真實的貧窮還是心裡假想的貧窮，我們為它憂心忡忡都是不可取的。因為這消極的影響會削弱我們對財富的嚮往之情，會打擊我們致富的信心。

不要任由自己去回憶那些貧窮困苦的日子，更不要為此自憐自艾，甚至沉浸其中不能自拔。雖然在那些日子裡我們受到過很大的傷害，遭遇過非同尋常的困窘，但過去了的就別再去回憶它，一刻也別再去想起它。我們要學會放棄這些消極的想法，不再把它掛在嘴邊。

平時我們也不要向任何人宣講自己的家庭是如何如何的貧窮，自己的父母是如何如何的艱難，自己的童年是如何如何的痛苦。我們越是把自己說得貧窮，我們越是談論和回憶貧窮，那麼，我們在潛意識裡就已經把自己列入了窮人的隊伍，窮人的印記就深深地刻在了我們身上。這一切都將阻礙我們對美好生活的渴望，壓抑我們的致富熱情，打擊我們的致富信念。這個可悲結果只能是我們自己親手毀滅了自己，我們永遠也無緣過著富足的生活。

「塵歸塵，土歸土」，讓以前的貧窮成為永遠的過去吧，把貧窮和所有與貧窮相關的事物統統拋擲腦後吧，把我們的全副心思聚集到致富上來。我們應該堅信：在宇宙能量的指引下，我們一定能夠走上致富之路。但是如果我們總是三心二意地游移於不同的觀念之中，不把心思集中在以「特定的方式」致富的話，我們就會離目標越來越遠，最終一無所獲。

讓我們遠離那些陰暗的文字，遠離那些宣揚世界末日的宗教，別相信那些哲學家們的悲觀厭世的學說。這些東西都只看到世界上存在的不好事物，而悲觀地以為世界已經無可救藥，但實際上，這個世界並不是像他們所想像的那樣，而是處處充滿生機，擁有無限的發展潛力。世界正在按著人類的意志向更美好、更富裕的方向走去。

當然，我們不否認如今整個世界都存在許多危機，許多不和諧的因素和令人悲傷的事件。但我們完全有足夠的自信將社會變得越來越好、越來越富足。所有一切不和諧的事物和不幸的人們都將隨著自然界的不斷進化和人類社會的不斷發展而灰飛煙滅，不久的將來，世界將沐浴在溫暖的陽光下，世上的所有人都將過著富足安寧的生活。

既然我們已經知道這些不良的事物終究會被人類拋棄和更新，為什麼我們還要花如此大的精力去關注它們呢？既然無論我們怎麼關注它們，它們都不會一下子就從世上消失，我們去鑽研它們還有什麼意義呢？我們唯有不斷地發展自我，向積極的方向看齊，從而推動整個社會的進步。等整個人類社會都進化到了一定程度，這些東西自然沒有其容身之所，自然就會從我們眼前消失，我們目及之處將會是世界的大同，是人們的安康和幸福。

儘管世上還有許多國家處在貧窮和戰爭的水深火熱之中，儘管這些情形讓我們感覺扼腕悲傷，我們也沒有理由沉湎於其中，因為我們與其把時間和精力花在同情和感傷的情緒上，還不如積極地爭取讓自己富裕起來，發展好自己，讓世界少一個貧窮之人。假若人人都能抱著這樣的積極態度，整個世界就不會動盪不安，而會保持永久的和平。

請相信世界終將走向富裕！多展望富足的未來，少關注貧窮的現狀，多鼓勵人們創造致富，少停留在競爭致富的小團體裡。唯有這樣做，才能真正拯救這個世界。

忘卻世間貧窮的表象，專注於世界的財富。那些窮人們之所以總是處在貧困的邊緣，是因為他們根本沒有關注過身邊的財富，他們忽略了屬於自己的財富，他們沒抓住致富的機遇。而我們所能給予他們的最大幫助無疑是讓他們知曉我們是怎樣從貧窮走向富裕的，讓他們學習我們的致富法則，讓他們學習我們永不放棄信念的精神。我們要將自己的致富思想、致富方式毫無保留地展示給他們。讓他們認識到：世界本質上是富足的。只要勇於探索，踴於開啟自己的創造力，就一定能夠得到財富。

還有一些人，他們沒有富裕起來不是因為他們沒有認識到世界的富裕本質，而是因為他們的思想不夠積極。他們寧可停留在貧困的現狀，做一天和尚撞一天鐘，今朝有酒今朝醉，不去管未來，不去管前途。他們不會用腦筋去思考致富的方法，更不會採取任何致富的行動。面對這種人，我們該怎麼辦呢？已富有起來的人們只有把自己的富足展現在他們面前，以我們的美好生活去激發、感召他們，以我們的致富經歷和法則去影響他們。

還有一種人，雖然他們完全認知到世界的本質是富足的，並且也為致富付出過努力，但仍舊沒能富起來，這是因為他們走入了致富盲點，沒能按照正確的致富規律和方式去尋求財富。他們要不是無視迷信某種超自然的力量，就是陷入了單純的理論之中。這些思想盲點令他們與致富的正確方向背道而馳，以至於在致富的道路上屢屢挫敗。面對這些人，我們同樣要以自己的成功來提醒、影響和幫助他們。

所以，每當我們想到或談到窮人時，請別把他們當作同情的對象，而要把他們當作祝福的對象；請不要把他們當作窮人，而要把他們當作正在走向富裕的人們。從我們的思想和言談舉止中，那些暫時處在貧窮的人們就能夠感受到精神上的鼓勵，從中得到啟示，從中得到追求財富的信心。

我們給予世界最大的回報就是讓自己成為一個真正的富有者。而成為一個富有者應該是每一個人夢寐以求的偉大神聖的目標，因為財富包含了人生所擁有的一切。擁有財富，我們就擁有了高貴的靈魂和健康的體魄，就能成為一個完美之人。

在此我還要提醒大家的是，如果你接受了本書的致富理念，就不要再去關注其他的相關書籍的論述。雖然我這樣說好像是太狹隘、太輕狂、太武斷，但接受過多的理念，不夠專一的話，對我們致富是沒有好處的。就像在代數學科上只有加減乘除這四種基本運算法則一樣，又如在幾何學科中的兩點之間只有直線最短一樣，本書所講述的致富法則是所有法則當中最便捷、最有效、最科學的一種，我們完全沒有必要再去另闢蹊徑。雖說條條大路通羅馬，但我們只要走好這一條就已足夠。

我們此刻最需要的是實際行動，最重要的是堅決服從本書的致富法則，沿著它的軌道不斷往前走，拋開周圍可以出現的一切誘惑和干擾，專心致志，一心一意，最後到達財富的巔峰。

本書是致富的法寶，有致富的不二法門，請讀者朋友務必隨時把它攜帶在身，每天堅持讀一遍此書，把它的全部內容爛熟於心，而且不再關心其他致富理念。不然的話我們就不能集中精力，因為思想上的任何一點動搖和疑慮都有可能導致致富行動的失敗。

此外，我們要關注那些樂觀的、積極的報導和評論，這會有助於我們保持良好的心態。請不要再去涉足通神論或靈性論，也不要去相信什麼宗族決定論，把這些關於超自然的研究通通丟棄一邊吧。就算這個世界確實存在各種各樣的神靈，就算世界上確實存在我們人類所難以解釋的靈異現象，就算它們在以我們感知不到的方式活動在我們周圍，或許它們就在我們身邊。那就隨它們去吧，我們不必去理會它們，只管做好自己的事情就行了。我們也別指望著它們真的可以給予我們什麼幫助，我們與其對這些神靈頂禮膜拜，倒不如對下面的事實銘記於心：

★世間萬物源於一種按照規律運行的宇宙能量。宇宙能量蔓延、滲透並且充滿整個宇宙空間。

★宇宙能量按照不同規律運行，便創造出了不同物體或不同的運動過程。

★人們可以在自己的思想中構想物體，並透過自己的思想影響無形的宇宙能量，促使自己所構想的物體被創造出來。

★為了達到這個目的——創造出自己希望擁有的一切，每一個人都要拋棄「競爭」的致富觀，選擇「創造致富」的道路，我們必須在大腦中構想出所希望得到的東西——財富願望圖像，並將這幅圖像深深刻印在自己心中，堅信總有一天能夠獲得願望圖景中的所有財富。這種堅定的致富信念，能將所有削弱渴望、動搖目標、破壞意志的雜念和事情阻擋在自己身外。

★請我們務必堅守這一切，並以「特定的方式」指導我們的致富行動，我們就一定能成為富有者。

按照法則採取行動

★思想和行動同樣重要

> 我們要想實現致富的願望，首先應該學會以「特定的方式」思考，再以「特定的方式」去行事。我們想到了什麼就要馬上付諸行動，不要拖著不去做，也不要試圖在今天做明天的事，行動在於當下。

人類是萬物的靈長，因為人類是有思想的動物。人類的思想具有創造性，可以說，人類思想本身就是一顆火種，它可以點燃人內心深處的潛在創造能源，讓其為我們所用。這種創造性思維就是一種特定的思考方式，以「特定的方式」進行思考讓我們有可能最終走向富裕的人生。但僅僅依靠思考是不能達到致富目的的。那麼，我們缺的是什麼呢？有了火種，我們還要有能夠燃燒的柴薪，這個柴薪就是行動。

前面我們提到的空想家，就是典型的只有思想而缺少行動的一群人，所以他們沒能達到富裕。這些思想家們的悲劇根源在於不能把思想和行動有機結合在一起。

因此，作為平凡的普通人，我們就更應該清楚地認識到：除了靠自己的創造力，我們沒有其他任何的超自然的力量，我們不可能憑空想就可以達到我們的致富目的。也許人類有一天有能力擁有某種超自然的力量，但就目前的條件來說，我們沒有超自然的力量。如果不經歷自然進化的過程，如果不必不辭辛勞地付出勞動，而單憑依靠思考就能隨心所欲地影響並利用宇宙能量創造出財富來，這是不可想像的，也是永遠實現不了的。

所以，我們不但要學會以「特定的方式」去思考，更應該以「特定的方式」去積極行動。思想和行動是相輔相成的，兩者同樣重要。只有好好運用那些好的理念和方法並付出相應的行動，我們才能最終實現自己的致富夢想。

試想一下，僅僅依靠思想的力量，深埋在深山老林的金子會自己開採自己，自己冶煉自己，自己把自己鑄造成帶有雙面鷹的金幣，然後高高興興地不遠萬里地跑到我們的口袋裡來嗎？當然不會啦，這是做白日夢。

那我們應該怎樣做才能獲得閃亮的黃金呢？

我們之所以有可能最終擁有夢想中的金子，最主要是因為至高無上的宇宙能量在我們的積極影響下有條不紊地運動著，直至將黃金送到我們的手中。在這個世上，有許多人從事與黃金有關的工作。有人從事金礦開採，也有人從事黃金的買賣。正是因為有這些行業的存在和不斷發展，深山中的黃金最終才有可能來到我們的居所。在這些行業中，我們必須以積極的行動參與其中，事先做好充分的準備，列好行動計畫。等到黃金來到我們面前的時候，我們才有可能接收到它。只有這樣，深山中的金子才能變成我們所擁有的財富。

這一過程看似曲折漫長，甚至找不出頭緒，但所有人的行動都全無例外地按照一種既定的規律和法則間接地為我們服務。運用我們的思想能量，我們可以間接地使用萬事萬物，不管是有生命的還是無生命的一切事物，來製造和生產我們所需要的一切物品。

不過，我們要想達到自己的目標，還必須在做好充分的心理準備的情況下以「特定的方式」去行動。我們既不可依靠他人的施捨也不可以偷盜的行為去獲取財富。並且，我們在獲得所需要之物後，應該回饋給社會更多更高的價值。

由此看來，我們可以清醒地認識到：每一個人要想實現自己的任何願望，都必須遵循下面兩個要素：

第一個要素是：要按照「特定的方式」進行思考。

這就意味著我們首先應該啟動自己的意志力量指導我們的思維，在自己的大腦中描繪出一幅明確具體的圖景，在這幅圖景裡，有我們所希望得到的一切事物。我們還應該用意志的力量去堅守自己的致富目標，堅定自己的致富信念，並在這一過程中對所有事物心存感激。

要按照「特定的方式」思考，還要強調的一點是：我們的思想不要太過抽象，以至於難以在現實中實施。更不應該企圖從這種玄祕的思想中得到利益。這種思考不但對我們沒有好處，還在一定程度上削弱了我們的思想力量，使我們產生錯誤的判斷。

第二個要素是：要按照「特定的方式」展開行動。

我們在致富的過程中，做到了以「特定的方式」思考時，我們就能夠以正確有效的方式將心中的願景傳遞給宇宙能量，並能夠與宇宙能量保持和諧一致。透過宇宙能量的規律運動，我們的願望圖景就能夠激發宇宙間所有的創造力為我們工作，這所有的創造力量都將以各自的規律和方法運轉起來，並在宇宙能量的監控之下將大致的運轉方向對準我們的願望圖景。

在這個創造致富的過程中，我們人類扮演了重要的角色，但不是去監控宇宙能量的運行，而僅僅是去影響它向我們的意志靠近。我們努力影響宇宙能量的最佳方式便是：懷著強烈的致富願望，堅守我們的致富目標，堅定我們的致富信念，並時時懷有感恩之心。

在心理上做好了準備之後，我們就要以「特定的方式」來實施行動了。在以思想影響宇宙能量的同時讓自己的行動參與進來，與宇宙能量攜手共進，只有這樣我們才有機會與渴望中的財富相遇，並能夠及時地把它牢牢抓在手中。在得到了財富後，我們還要善於使用，充分地發揮其價值。

我們要知道這一現實：當我們所熱切盼望的事物尚未來到我們的身邊時，它正躺在世界的某個角落，是屬於別人的。為了能夠擁有它，我們就應該給予他人相同價值，甚至要高出對方東西價值的東西。這就是「給予他人所要的，得到我們想要的。」

我們更應該清楚：沒有誰可以不勞而獲，金子不會自動跑到我們的口袋之中。

我們當中的許多人都懷有強烈的致富願望，他們也會有意無意地使用自己的內在創造力去影響宇宙能量，試圖達到富裕，但他們最後都以失敗告終。為何？原因就在於他們沒有付出積極有效的致富行動，不知道如何才能將那些本該屬於自己的財富攬入自己的懷抱。我們可以用思維的創造力創造出財富並把它帶到我們身邊，我們可以以積極的行動去獲取這些財富。所以，不管我們打算做什麼，不管我們有多大的致富夢想，最重要的一點是我們必須馬上開始行動起來。昨天已成過去，我們無法再走昨天的路。不要再去回憶昨天，回憶只是徒勞。只有這樣，我們的致富圖景才會清晰地展現在我們眼前，我們的致富願望才會持續下去。

明天是未知的將來，我們無法把行動寄託在明天。不要企圖在今天做明天的事，因為明天離今天有很長一段距離。如果我們老是在今天想著明天的事情，不但不能專心於眼前之事，還會產生朝三暮四、三心二意的壞習慣，更別提做事的效率了。我們也不必在今天苦苦思索明天可能出現的事情，要相信，不管明天將會出現什麼情況，我們都有能力把它處理好。

因此，我們務必要把所有的精力放在今天的事情上，一心一意地過好人生中的每一個今天。

不要因為我們還沒有找到合適的行業，沒有處在一個合適的工作環境中而坐以待斃，更不要在把致富願望傳遞給宇宙能量後就想坐收其利。這兩種作法都不可能獲得一絲一毫的財富。

就在此時此刻，請馬上行動起來！不要再說「等……時候我就……」這樣拖延行動的話，唯有立即行動，才有可能獲得我們想要的任何東西。過去的時間已一去不返，未來的時間我們難以把握，我們能把握的只有今天！行動就在今天。

為了我們偉大的致富目標，我們要做好充分的準備，這一準備便表現在行動上。不管我們要做的具體行動是什麼，其中最必要的就是要履行好我們現有的工作職責，處理好與我們的工作相關的人際關係和各種具體事務。我們既沒有精力去做我們職責範圍之外的事務，也不可能處理過去屬於我們職責範圍內的事務，更不可能處理好未來也許會屬於我們職責範圍內的事務。因此，我們只能做好眼前的工作，在自己的工作職位上盡職盡責，踏踏實實地走好每一步，完成好每一天的工作任務。

不必去回顧昨天的工作表現如何，也不必在今天盤算明天的事，把今天的事情做好就足夠。我們該做什麼的時候就會有足夠的時間去完成它。

不要希冀有什麼神祕力量可以幫助我們去影響我們無力能及的人和事，也不要希冀身處的環境會自動為我們而改變，我們要以自己的實際行動去影響和改變周邊的環境。

不要成天做著白日夢，不要幻想出現奇蹟。我們只能時時堅守自己的致富願望，珍惜每一天、每一分、每一秒，以行動實現我們的目標。

我們要有這樣的信念：我們可以戰勝現有的環境，並為自己的致富道路開創更適宜的環境。

我們一方面要堅信一定能夠在美好的環境之下做自己想要的事，過自己想過的生活；另一方面我們又要時刻全心全意、全力以赴地做好眼前的工作。

不要企圖以標新立異的行動來致富；也不要期待做一件不同尋常的大事來達到一鳴驚人，這不是致富的正確方法。事實上，我們要在很長一段時期做著我們以前一直在做的事，也就是說，我們的事業將會在長時間內沒有突出的進展。但我們要相信自己所做的一切都是為那個將要在某一時刻到來的成功做準備。不過，我們一定要改變自己以往的陳舊思想，不再以過去的方式做事，而是要以嶄新的「特定的方式」行事。所以，按照「特定的方式」行事才是致富的第一步。

也許我們正在做的工作並不適合自己，但千萬不能因此而消極懈怠、灰心喪氣。不要常常抱怨自己的運氣不好，沒能得到想要的職位，也不要企望著找到合適的工作後再去努力，試想一下，如果你事先沒有努力，你怎麼能發現和找到適合自己的職業？沒有任何人會因為一開始被放錯了位置而就再也找不到合適的職位；也沒有任何人會因為一開始入錯了行而就再也進不了適合自己的行業。

我們的心中要時刻擁有尋找到理想的職業的願望，永不放棄這一目標，堅信自己一定能夠實現這一目標，堅信自己正在一步一步向它靠近，因為，我們正在做的每一份努力都將使自己離目標更進了一步。

我們要充分做好眼前的工作，因為透過眼前的工作我們可以獲得更好的工作；

我們要充分利用現有的工作環境，因爲它會幫助我們獲得更好的工作環境。我們堅信自己能夠找到合適的工作，這一強烈的渴望和堅定的信念一定會將我們想要的工作吸引到我們身邊。我們要以「特定的方式」行事，這樣就能越來越接近我們的目標。

假如你只是眾多普通白領或藍領族中的一員，而此時你已經厭倦了自己的工作，你萌發了要換工作的念頭，你以爲只有換一個新的工作環境才能獲得自己想要的財富，這時候請你千萬不要以爲簡單地將致富願望傳遞給宇宙能量，你就能獲取財富，因爲存有僥倖心理是不會給你帶來財富的。

我們應該在堅守找到更好的工作的願望的同時，全身心地投入到現在所做的工作之中。我敢保證，不久的將來你肯定可以得到自己想要的工作，並最終實現自己的致富願望。

就讓我們以真誠的願望和堅定的信念開啓萬能的宇宙能量吧！它將會把我們理想中的事物牽引到我們的身邊；就讓我們利用當前的各種有利因素，它將會帶領我們到達我們想要去的任何地方。在那個目的地，我們擁抱夢想，美夢成真。

在本課的結尾，讓我們再次重申已經重複多次的致富理念和法則：

★世間萬物源於一種按照規律運行的宇宙能量。宇宙能量蔓延、滲透並充滿整個宇宙空間。

★宇宙能量按照不同的規律運行，便創造出不同的物體。

★人們可以在思考中構想物體，並透過利用自己的思考影響無形的宇宙能量，促使自己所構想的物體被創造出來。

★為了達到這個目的——創造出自己希望擁有的一切，每個人都必須拋棄「競爭」的致富觀，選擇「創造」的致富觀。我們必須在大腦中構想自己所希望得到的東西——財富願望圖，並將這幅圖像深深刻印在自己心中，堅信總有一天能夠獲得願望圖中的所有財富。這種堅定的致富信念，能將所有削弱欲望、動搖目標、破壞意志的雜念和事情阻擋在自己身外。

★我們所需要的東西將會來到我們的身邊。為了順利得到它們，我們必須馬上行動，就從我們身處的環境中開始行動，並以「特定的方式」為我們的行動導航。

我們要堅信一定能夠在美好的環境之下做自己想要的事，過自己想過的生活；另一方面我們又要時刻全心全意、全力以赴地做好眼前的工作。

要快，要全力以赴

★成功的人生來自高效率的行動

> 我們做任何事情都要遵循一個原則，即在精而不在多。成功的人往往都是講求品質和效率之人。其實，每一個高效率的行動本身就是一種成功。如果你的一生都能夠堅持高效率地行事，你的一生毫無疑問是成功的。

我們的課程進行到現在，已經講述了許多重要的觀點和理念，我們必須不遺餘力地用它們來指導我們的思想。在正確思想的指引下，我們要確定好自己的前進方向，並立刻採取行動，做好身邊的每一件該做之事。

在我們前行的過程中，我們得以成長和進步，我們得以不斷地超越自我。要做到超越自我，就必須把該做的事情做到精益求精，淋漓盡致地發揮自身的潛力。

世界的進步就是源自於這些自我超越的力量。如果世上所有人都不認真工作，世界的財富來自哪裡？整個世界不都將倒退嗎？這種對工作不負責任的態度造成的危害影響是相當大的。這種人將成為社會和政府，商業和工業的沉重負擔，他們的消極影響將成為他人的包袱，需要他們付出巨大的代價去承擔。整個社會都將放慢前進的步伐。在過去的年代裡，社會上普遍存在這種人，他們沉淪、墮落、倒退，不思進取。當今社會依然存在許多這樣的人，如果我們再不主動去改變自己的命運，社會就真會停滯不前。

我們都知道，自然界每時每刻都在發生著改變，而這種變化就表現在每一種物種的進化過程中。如果其中的一種生物比其他同類生物擁有更強大的生命力，那麼，這種生物就能夠優先發展並自我超越，從而蛻變為一個更高級的新物種。如果沒有生物的這種自我超越，新的物種就不可能誕生。

人類社會的發展進步也如自然界的生物進化法則一樣，整個人類社會的更新和發展都依賴於社會中的每一個個體的不斷發展、進步和自我超越。而人類社會不斷的自我超越，反過來就越發激勵我們去創造財富，我們的事業因而得以發展壯大，我們才能最終實現自己的財富目標。

其實，我們生命中的每一天都在經歷著成功或者失敗。比如這一天裡，我們完成了該完成的任務，得到自己想要的東西，實現了一天的目標，我們就度過了成功的一天。當然，我們很難做到每天都不失敗。如果我們每天都以失敗告終，我們就永遠也富裕不了；但我們可以盡量讓每天都達到成功，只要過好每一天，只要每一天都取得或大或小的成功，我們就一定能富裕起來。

舉個簡單的例子，本應該在今天完成的事情卻沒有完成，那麼在這件事情上我們是失敗的。我們千萬不要小看了這小小的失敗，再細小的失誤都有可能導致連鎖的不良反應，其後果甚至會令我們不堪設想。

也許，一件在我們看來十分不起眼的小事也有可能產生讓我們無法預知和掌控的嚴重後果。所以，我們不能忽視小事，要注重細節對「大事」的重要影響。人類社會是如此地紛繁複雜、變化莫測，我們很難在短時間之內就能夠認識清楚它。因此，我們更不該忽視小事，因為這些小事有可能是我們致富道路上的致命絆腳石。

所以，我們要努力過好每一個「今天」，全心全意、不遺餘力地完成每一天的任務。

話又說回來，我們說要關注小事，但不意味著凡事都要事無鉅細。這裡還有一個「度」的問題。在所有事情當中，孰輕孰重，哪些應該多下工夫，哪些應該一筆帶過，我們要能夠把握好分寸。我們不要讓自己過度勞累，不要盲目行事；我們不要去指望在最短的時間內做最多的事情，不要試圖在今天做明天的事，更不要試圖在一天之內做完一週的事情。

其實，真正重要的不是做事情的數量，而是做事的效能。

每一個行動本身，不是成功就是失敗。

每一個行動本身，不是高效就是低效。

每一個低效的行動就是一個失敗。如果把時間都花費在低效的行動上，我們的整個人生就是一個失敗的人生。

假如你做事一直處在低效狀態，你越是努力這樣做，就越收不到成效。然而每一個高效率的行動都將帶領我們向成功邁進一步。其實，每一個高效率的行動本身就是一種成功。如果你的一生都能夠堅持高效率地行事，你的一生毫無疑問是成功的。我們失敗的原因正是由於低效地做了太多無用之事，而沒有高效地做一件應該做的事。

這個道理不言自明：如果我們每一天都高效而不是低效地行事，天長日久，我們就能夠走向富裕。

就從此刻開始吧，讓我們都以高效率的方式做好每一件事，過不了多久，我們就會驚奇地發現，原來致富大有學問，它就如同數學這個學科一樣，是一門非常精確的科學。

既然這樣，我們到底能否把看似獨立的每一件事都做好做成功呢？答案是肯定的。我們要相信，只要我們努力去做，每一件事都能夠成功。因為我們在工作的同時，世間的所有力量都在幫助我們，這些力量是永遠不會消失和失敗的。宇宙能量隨時為我們待命，聽候我們吩咐，只要我們以堅定的信念和全身心的力量去影響它、激發它，我們就能夠高效地完成每一件事。

我們所做的每一件事都會表現出強勢或者弱勢。而當我們的每一次行動都表現出強勢之時，我們就是在高效能地行事，在以「特定的方式」行事，這就是我們走向成功、走向富裕之時。

我們在每一次行動中，都要牢記自己強烈的致富願望，並且要堅定致富的信念。這樣的話，我們的每一次行動都將是高效能而且強大的。這種強烈的願望和堅定的信念其實就是我們的強大內在動力。內在動力越大，其爆發出來的內在力量就越大，這些強大的內在力量會促使我們高效能地工作，最終達到自己的致富目標。

在這一過程中，那些將思想和行動截然分開的人就會遭受失敗。因為他們總是在此時此地做著一件事的同時，腦袋裡卻想著另一件與之毫不相干的事。因此，他們的行動都是低效的失敗的行動。如果我們能夠將所有精力都集中到每一個行動上，哪怕這是一個微不足道的小行動，我們就能夠走向成功。在自然法則中，每一次成功都會打開另一扇甚至更多的成功之門。所以，在我們朝著自己的既定目標不斷前行時，我們的速度就會越來越快。

請大家務必記住每一次成功都在為最終的大成功做準備。世間的萬事萬物都在渴望自己能擁有更加豐富多彩的生活，都在渴望自己的人生更有意義。人類比其他生物更需要這樣的追求。在通往成功的道路上，每個人都在不斷的前進中獲得了更加開闊的眼界，接觸到了更多新的人和新事物，同時獲得了更加強大的力量。這時我們的致富願望就能夠產生更加強大的影響力。

我們要堅持每天做好當天該做的事，無論是大事還是小事，我們都應該以百分之百的努力去高效地完成。我們要知道自己所做的一切都是為了心中的那個遠大目標。

但我們不應該時時把自己願望中的細微末節記掛在心上。這些事情應該在閒暇之時去充分想像。如果我們想盡快地富裕起來，我們就應該在任何閒暇時間去思考我們的致富圖景。

透過這些思考，我們最終將構思出一幅真切的願望藍圖。我們要牢記這幅圖畫裡的每一個細節，讓整個圖景深深印在我們的腦海裡。每當我們在做事情的時候，這些圖畫就能夠自然而然地浮現在我們的眼前，因此而激發我們的鬥志，促使我們更加努力地工作。工作之餘，我們可以重溫一下這一圖景，讓它充滿我們的意識，以便隨時能夠回憶起來。

只要想到自己的願望圖景，我們就會渾身充滿了力量，我們對美好生活的憧憬也將更加堅定和執著。

依據自己的特長，做自己最擅長的工作，並且勤奮刻苦、持之以恆，
這是最容易取得成功的途徑。

熱愛事業才能帶來財富

★熱愛是工作的永久動力

我們都有過這樣的體驗，即做自己想做的、符合自己個性和興趣愛好的工作，會取得事半功倍的效果，同時，我們在精神上也得到了滿足。這就是熱愛的力量。愛好是我們實現富裕的最大動力泉源。做讓自己滿心愉悦的工作，是我們每個人天生的權利。

不論哪一行、哪一業，也不論是哪一個人，一個人要想獲得成功的話，其關鍵取決於他是否具有相關行業所要求的特殊才能。比如，沒有出色的音樂才能，我們不可能成為一名優秀的音樂教師；沒有足夠的動手能力，我們很難成為一名出色的機械工程師；沒有機靈智慧而成熟老練的頭腦，我們就很難在商海中競爭並取得成功。

但是，當我們具備了某一行業所需要的特長，卻並不意味著我們就一定能夠因此致富。我們不難發現，歷史上的一些音樂家具有非凡的音樂天賦，但他們的一生卻極度貧困潦倒，以至過早地結束了自己的藝術生命；生活中的一些木匠、泥匠或鐵匠，他們個個手藝高超，卻依舊掙扎在貧困線上，沒能過著富裕的生活；而一些頗有頭腦的商人，卻也常常以失敗告終。這又是怎麼一回事呢？

我們應該要明白這樣的道理，在我們的致富過程中，我們所擁有的各種才華和技能只是眾多致富工具中的一種或多種，要致富，肯定需要這些工具，但光有工具還不夠，我們必須要懂得如何使用手中擁有的工具。

例如，有的人可以只用一把鋒利的鋸子、一把直角尺和一個鉋子三樣工具，就能製作出一件漂亮無比的家具來，而有的人使用同樣的工具卻只能做出一件拙劣的產品。這兩種截然不同的結果說明了懂得使用致富工具的重要性。我們在擁有了精良的工具之後，要有能力去善用它們，充分地利用它們，才能在工作中取得成效，才能最終走上致富道路。

不過，當我們擁有了某一行業的特殊才能，在從事這一行業時，我們就會比別人更有優勢，也就更容易獲得成功。一般情況下，在適合我們發揮自身特長的行業中，我們會變得更加積極進取，工作就會更加出色，因為我們天生就是做這行的料。當然，這種說法也有其局限性，也就是說，我們每一個人都不能因為自己的一己之長而讓自己的擇業受到限制。我們的選擇餘地還是有的，我們千萬不要受限於自身的有限能力而只從事有限的幾個行業。

我們明白，無論從事哪一個行業，我們都會有致富的機會。就算我們沒有某一個行業所需要的天賦，我們也可以透過不斷的學習來培養和發展自己的相關才能。這就是說，隨著我們不斷地成長，我們要有意識地去創造致富所需要的「工具」。我們確實可以透過自己的優秀特長更容易地在某個行業取得成功，但是，無論是在哪一個行業，我們都有在這個行業中取得成就的潛能，因為我們可以不斷地培養和發展任何行業所需要的基本技能。每一個正常人都具有無限的潛能和素質，這種潛能可以幫助他透過學習去獲取他想要的某種工作的才能。

依據自己的特長，做自己最擅長的工作，並且勤奮刻苦、持之以恆，這是最容易取得成功的途徑。但如果我們敢於去做自己想做的、有挑戰性的工作，不但能夠讓我們獲得財富，更能夠給我們帶來巨大的精神滿足感。而生命真正的意義就在於做自己想做的事。試想一下，如果我們總是被逼著去做自己極不情願、極不喜歡做的事情，我們會獲得真正的幸福嗎？

其實，我們每個人都完全可能做自己想做的事。因為我們每個人都心懷這一夢想。而有這樣的想法本身就說明了我們具有相應的才能和潛質。我們心中的渴望就是我們內在力量的表現！

例如，當我們的內心生出想演奏音樂的渴望時，就說明我們內在演奏音樂的技能正在尋求表達與發展，當我們的內心產生發明機械設備的渴望時，就說明我們內在具有的機械方面的技能正在尋求表達與發展。所以，如果我們對做一件事情有一種強烈的願望，其本身就說明了我們內心深處隱藏著這方面的潛能，而且是巨大的潛能。因此，我們所要努力去做的，就是去發掘內在的潛能，並正確有效地運用它為我們實現心中的夢想。

一般來說，在考慮到所有條件相同的情況下，我們最好是選擇一個能夠充分發揮自己的特長的職業，這樣更有利於我們取得成功。但是，假設我們特別嚮往和熱愛一種職業，哪怕自己沒有這方面的專長，我們也應該勇敢地聽取內心的聲音，遵循自己的願望選擇這一職業，作為我們終身為之奮鬥的職業目標。

做自己想做的事情，做符合自己的個性、興趣愛好、最令自己感到身心愉快的工作，這是我們每一個人天生的權利。我們都有過這樣的體驗，即做自己想做的、符合自己的個性和興趣愛好的工作，會取得事半功倍的效果，同時，我們在精神上也得到了滿足。這就是熱愛的力量。愛好是我們實現富裕的最大動力泉源。

沒有人可以剝奪我們做自己喜愛的工作的權利，我們也不應該受迫於人而去做這樣的工作，除非它可以幫助我們最終得到自己喜歡的工作。

也許一開始由於判斷的失誤，我們進入了自己並不喜歡的行業，我們整天處在不開心的環境中工作，我們在這樣的環境下受著煎熬，不得不做自己不想做的事情。但是，我們應該認識到，目前所從事的工作雖然不盡如己意，卻有可能幫助我們真正進入自己喜愛的行業，並且裡面藏有許多機會，我們就可以告誡自己做好現在的本職工作，以求最終的脫胎換骨。這樣想的話，我們就可以用愉快的心情接受目前的工作了。

也許我們時常會覺得目前的工作一點兒也不適合自己，每時每刻都在試圖更換工作環境。但請不要衝動地遞交辭職信，最好的辦法是：

在現有的工作中尋找突破的機會，在自身的發展中給自己創造更好的條件。

一旦自己認為的好機會來了，就要毫不猶豫地、大膽地抓住它，在經過仔細的思考後給自己來一個徹底的改變。當然，如果我們對突如其來的機會認識不清楚、不夠確定其有效性的話，就不要採取倉促、貿然的行動。

以「創造致富」的理念來指導我們的行動，在創造的世界裡，我們從來都不會缺少機會，我們千萬不要太過急躁，太過草率。我們一旦擺脫了「競爭致富」的心態，我們就會知道致富行動根本就無需操之過急。我們完全可以自由地做自己想做的事情，不必去理會他人的看法，也不必去與他人攀比，不必去與他人競爭。除了自己之外，任何人都不能夠阻止我們的「創造致富」行動。我們應該明白，每個人都有自己的位置。一個好職位被別人佔去了，會有一個更好的位置在等待我們去擁有，我們也有足夠的時間去獲取它。

所以，當我們感到人生很困惑而不知該如何抉擇的時候，先不要盲目向前跑，而應該先停下匆忙的腳步，靜下心來重新審視一下自己內心真正的願望，以增強自己致富的決心和信心，並最終找到自己最想獲得的位置。

我們可以花幾天的時間思考這一問題，可以把自己一個人關在房間裡或一個人遊走在花園裡仔細思索其答案。在這一過程中，我們一定要對心中的願望懷有感激之情。當我們越是以「特定的方式」進行思考時，我們在行動時就不會出現錯誤。宇宙的至高能量無所不知，它可以看出我們對自己的願望懷著如此真誠的感激，以至於會向我們靠近，給我們力量，推動我們去實現夢想。

如果一個人在致富過程中行事草率匆忙，心裡充滿恐懼和憂慮，甚至根本忘記了自己最初的願望，那他的行動肯定會出錯，他也就無法走上致富的道路。

如果我們一直堅持以「特定的方式」去思考和行動，我們就一定能夠獲得更多更好的機會。所以，我們應該毫不猶豫地堅守自己的信念，並要感謝宇宙能量的無比智慧。

我們要盡心盡力地做好每一天的事情。在做每一件事的時候，都不要急躁不安、心懷恐懼、畏縮不前，而應該滿懷信心地去盡快行動。

我們千萬要記住：如果我們失去鎮定、倉促行事，我們就不是在「創造財富」，而是變成了一個財富的競爭者，我們就會有倒退的危險。

不管怎樣，我們都要做一個財富的創造者，一旦發現自己對目前的工作開始心緒不寧、煩躁不安時，就要試圖讓自己安靜下來，以全部心思去思考自己的終極目標，並對自己的願望心存感激。我們要相信，感激之情永遠是我們的加油站，它將激勵我們最終走向富足幸福的生活。

永遠保持進取心

★隨時保持積極進取之心

追求不斷發展和永久生存是自然界裡所有生物的本能，這種追求一旦停止，瓦解和死亡就將來臨。人類也一樣，每個人都在追求進步，期望過著更好的生活。不斷進取的積極心態能夠激發人們致富的渴望和決心。積極進取不是指強權和競爭，而是指自身的創造力。懷有積極進取心態的人將更容易獲得財富，實現自己的願望。

也許由於種種原因，你對眼下的工作環境很是厭惡，並打算尋找新的工作，但無論如何，我們目前所做的一切都應該與現有的工作密切相關，切不可草率地做決定。比較明智的作法是：做好每一天的工作，以「特定的方式」行事，從現在的工作環境中尋找突破點。我們要學會不斷地給自己創造機會，以便最終進入自己喜歡的行業，做自己真正想做之事。

追求進步和實現自我是每一個人內心深處的本能需求。人類內在的創造力總是於無形中促使我們不斷地去改變現狀，實現自我，去追求自身價值的完美呈現。所以，我們在與人打交道的時候，不管是面對面的溝通還是書信電函的往來，我們都應該時時處處讓他人感覺到我們在不斷進步。

追求發展和進步是自然界的固有本性，是宇宙萬物恆久運動的原動力。人類的所有活動也都是建立在追求不斷發展和進步的基礎之上。沒有誰不希望自己擁有更為豐盛的食物、更為漂亮的服飾、更為舒適的住房和更為精緻的物品；也沒有誰不希望自己擁有更多的智慧、更多的優雅和更多的情趣……總之，人人都渴望自己能擁有更多美好的東西，過上更美好的生活。

追求不斷發展和永久生存是自然界裡所有生物的本能，這種追求一旦停止，瓦解和死亡就將來臨。人類很清楚地認識到了這一規律的存在和作用。所以，人類從未停止過追求幸福生活的腳步。《聖經》中的《馬太福音》就曾用智者的寓言故事解釋過這種「不斷發展和進步」的自然法則：只有那些不斷地追求更多的人才能保存現有的，不然，連他現有的也將被剝奪掉。我們今天稱之為「馬太效應」。

對財富的熱切嚮往和追求是人們對於富足生活的嚮往和追求，是人類共同的美好願望。這並非是一種不好的行為，不應該受到遣責。這一美好的願望發自人類心靈深處，是人類天生的本能。無論在何時何地，你都會看到，那些能夠幫助他人實現這一願望的人是多麼受人敬仰和歡迎。

在以「特定的方式」思考和行動的過程中，我們會持續不斷地進步和成長，並且我們也把自己的親身體驗傳遞給了我們周圍更多的人。我們會成為一個創造致富的中心，並把這種進步和成長輻射到四面八方。

請不要懷疑這種作法是否能夠收到良好的效果，我們一定要把「不斷進取」的印象傳遞給所有與我們有過接觸的人，不管是男人、女人還是老人、兒童。不管我們與他人的交易是大是小，就算只是把一根棒棒糖出售給一個小孩，我們也要讓他感覺到我們的進取之心。我們要爭取讓每一位客戶受到我們的自信和執著的感染。

要記住，我們在做任何一件事的時候，都要給別人一種不斷進步的印象，讓每一個和我們接觸過的人都能感受到我們是一個不斷進取的人，並且，他人也會或多或少地受到我們的影響，從而成為一個不斷進取的人。不管是那些在社交場合認識的、有生意往來的人，還是剛剛結識而沒有生意往來的人，甚至是那些我們根本沒打算與他做生意的人，我們都要傳遞給他一種「不斷進步」的印象。

我們要始終對自己充滿信心，毫不動搖地相信自己正在不斷進步，正在獲得更多的財富。我們要讓自己的信心滲透到每一個行動之中。只有這樣，我們才能把「不斷進步」的印象傳遞給周圍的每一個人。

我們要堅信自己是一個不斷進取的人，堅信自己能夠促使他人不斷進步。不管做什麼事情，我們都要保持這種感覺。我們要始終想到自己正變得越來越富裕，而我們的致富行動也能夠為他人帶來許多利益，幫助他人走向富裕。當然，不要過分地誇耀自己的功績，不要老在他人面前不停地吹噓自己。真正的信念是建立在真誠之上的。

事實上，那些經常吹噓、喜歡炫耀的人，在他光鮮的表面下隱藏著一顆充滿了疑慮、怯弱和自卑的心。這種人的真實面目很容易就能夠被看穿。我們是無須這般做作和掩飾的，只要我們對致富充滿信心，並把致富信念貫串到每一次行動之中，發揮其作用，我們的行為、語言和神情就會傳遞出一種無言的資訊：我們正在走向富足。到了這樣的境界，我們根本無須用言語來傳遞自己的內心感覺，只要我們在人群中一出現，別人自然而然就會感受到我們的進步，並會自願地來到我們身邊。

我們還應該給他人一種印象，即與我們交往將會給他人帶來意想不到的財富。因為在每一次交易中，我們總會給予他更多的使用價值，而得到較少的金錢價值。以一種真正發自內心的自豪感與他人進行交易，他人自然而然能夠感受到我們的自信並信任我們，我們的客戶就會越來越多。

我們已經知道，致富是人類的本能，有哪個地方能給人們帶來更多的財富，人們就會紛紛聚集在那個地方。

宇宙能量充滿智慧，它真誠地希望我們每一個人都能夠獲得自己的富足生活。

當我們為自己創造了一定的財富之後，我們就能夠為他人帶來更多的財富，宇宙能量就會將許許多多的人引領到我們身邊，甚至有許多我們以前從未見過面的人。我們的事業會因這些人的加入而更加蒸蒸日上，我們將獲得更多的利益，我們的財富也將一天天增加，並為我們創造出更多更好的條件。這時候，我們如果願意的話，我們就可以輕鬆地得到自己想要的位置，進入自己真正喜歡的行業，做自己真正喜歡做的事。

在做這些事情的時候，請千萬不要動搖我們的致富願望，要牢記自己的致富目標，要堅守住實現目標的信心和決心。

請大家一定要記住以下忠告和警示，讓我們遠離那些不良的行為動機和意圖。我們要警惕，追逐強權以企圖控制他人，是一種十分危險的誘惑。

世上那些充滿著權力欲望的人，其心理是畸形的、不正常的。他們透過利用手中的權力奴役和控制他人以帶給自己最大的滿足感。這便是世界上眾多悲劇的根源所在。

自從世界上產生了國家以來，無數的國王和君主們為了開拓自己的國土疆域頻繁地發動戰爭，無數將士的鮮血灑在了大地上，無數的老百姓過著悽慘的生活。這些國王和君主們之所以發動戰爭，不是因為他們想讓自己的臣民獲得更加美好的生活，而僅僅是出於一己之私欲、出於不斷滿足自己的權力欲望。而每一次國與國之間的征戰，受害最多的還是普通的老百姓。

即使在今天，在許多行業裡的許多人，他的「奮鬥」目標依然如故。這些人由於隸屬於不同的利益集團，時時利用金融資本的力量，以千千萬萬人的寶貴工作甚至生命為代價，上演著一幕幕瘋狂的爭鬥。商業上的那些財團們與昔日的國王君主們沒有任何區別，他們同樣是在強烈的權力和金錢欲望的驅使之下進行著殘酷的競爭。

所以，我們要時刻警惕這樣的權力誘惑，諸如試圖成為「統治者」凌駕於他人之上，試圖透過誇張的慷慨譁眾取寵等等。

人們之所以被強權欲望所左右，完全是競爭的心態在作祟，它與創造心態是迥然不同的。而事實上，我們根本不應該透過奴役他人來實現掌控自己所處的環境和掌握自己的命運，這樣做只會讓我們陷入權力與地位之爭而不能自拔。一旦我們陷入了這樣的困境，我們就真會被命運和環境所控制，致富行動也變成了一種投機行為了。

托萊多的瓊斯在《黃金法則》中說：「我為自己所謀求的，也正是我想與所有人共用的。」這是一句至理名言，真真切切地闡明了「創造致富」的真諦。請讀者朋友們切記務必遠離競爭致富的心態！以創造的心態去致富，財富最終才會屬於你。

從優秀到卓越

★卓越一定帶來財富

做一個優秀之人不容易，做一個從優秀邁向卓越的人就更難。一個有望成爲卓越的人，他知道自己一定能成爲他想要成爲的那個人，並對自己的目標和信念毫不動搖。宇宙能量是那些追求卓越的人最大的「貴人」，宇宙萬物都將因他們的存在而存在，爲他們的幸福而不停運轉。卓越是獲取財富的最大引力場，卓越之人一定能夠富裕，也一定能給他人的生活帶來轉機。

我覺得我們每一個人都該為成為一個卓越之人而努力奮鬥。不管我們現在從事什麼職業，不管我們現在是專業人士、普通工人還是小商販，我們都應該立志成為一個卓越之人。這是每一個致力於實現致富夢想的人應有的目標。

無論你此時處在一個怎樣的位置，也許此時你只是一名普通醫生，或者你只是一名平凡教師，這都無所謂。只要你立志成為一個卓越之人，在平凡的工作職位上給他人的生活帶來進步，並且讓他人認識並相信這種進步，許多人就會聚集到你的身邊，而你也將因此受益匪淺，漸漸走向富裕。

比如，一名普通的醫生，如果他能夠立志成為最出色的醫生，並對自己的這一信念堅定不移，全力以赴地將這一信念運用到行動之中，日復一日，年復一年，他的醫術就會越來越高明，他就能夠把健康帶給更多的病人。他的門診就會門庭若市，人們都慕名而來，他的事業就會越來越興旺發達。

與其他行業相比，醫生的確有更多的機會實踐本書中的致富理念。假若他真正想做一個卓越的人，他是否畢業於著名醫學院就已經不重要了，因為學校所學習的理論與技術不外乎就那些，每一個醫生都可以透過努力學習掌握它。一個力求上進的醫生，他的內心必定會懷著做一名成功醫生的願望，他會遵循信念、決心和感激等原則，在自己堅定信念的引導下，他一定會想盡辦法治癒所有可治癒的病人。

此外，人們在精神上也急切地需要一些卓越的人來幫助他們啟蒙，給他們傳遞生命的真諦。這些精神導師必須深知致富的學問，諳熟如何保持健康、培養情操和獲得尊敬的學問。他們能夠吸引眾多追求財富的人們，他們將站在講台上，充滿激情地、不厭其煩地向人們傳遞致富的知識與理念。這些知識和理念一定能夠帶給大眾更加幸福的生活，它們就是人類的福音。人們都樂於去傾聽它，樂於支持和擁護那些傳播它們的人。

今天，這些站在講台上的卓越之人都是親身體驗過致富理念並獲得了成功的人。所以，人們更加信任他們、追隨他們。他們以自身的奮鬥經歷詮釋了生活的真諦和獲取幸福生活的途徑。作為一個受人尊敬的導師，他自己首先應該以身作則，他必須擁有健康的體魄、高尚的情操和富足的生活。因為，這本身就是最好的示範。這樣的精神導師走到哪，都會有無數忠實的聽眾。

作為一名教師，作用也是這樣。能夠激發學生們對美好生活的嚮往之情的教師絕對是受歡迎的老師。如果一個教師自己首先對生活充滿了信心和感激，他的這種熱情自然而然能夠影響學生，使學生們受到感染和鼓舞。

這條法則對醫生、精神導師和教師適用，也同樣對律師、經紀人、代理人等等適用，而實際上它適用於任何人。此法則與前面章節所提到的致富理念和法則一樣，是科學的、正確的。我們只要持之以恆、堅定嚴格地遵循它，就一定會獲得財富。為此，我要再次重申，致富是一門嚴謹的科學。這門學科中的「追求富足生活的法則」具有實用性、可行性和可靠性，它就像萬有引力定律一樣，應該無需懷疑。

對於廣大藍領階層的普通人來說，同樣可以運用這一法則去發現改變自己命運的希望和機會。只要遵循這條法則，藍領一族們就不會由於看不到發展的機會和微薄的工資而憂慮沮喪，就不會認為自己與財富無緣。請大家拋開一切消極的情緒，理清自己的頭緒，形成清晰明確的致富目標，帶著堅定的致富信念馬上上路吧！

請記住：要盡心盡力地完成每一天的工作，要高效完美地完成每件事，並時刻充滿成功的力量和致富的決心。我們還要明白，這樣做不是為了討好上司，也不要因為我們有良好的表現而期望上司給我們升職，事實上，也許他們根本不會這麼做。

一個負責任的，能夠出色完成工作任務的人，對雇主而言他僅僅只是一個有利用價值的員工而已，給他升職也並不一定符合雇主的利益。而真正的卓越價值又豈是那一點點工資可以呈現和衡量的呢？

要做一個卓越之人，僅僅出色地完成本職工作是遠遠不夠的。卓越的人不但要能夠出色地完成本職工作，還要有明確的成就目標，並對自己的目標充滿堅定的信念和決心。努力做一個卓越的人吧。

努力做一些「分外」之事，不是為了迎合上司，而是為了自身的不斷進步。

不論在工作還是在下班之後，每時每刻我們都要心懷致富的信心和決心。讓與我們交往的每一個人都能感覺到我們身上散發出來的意志力量；讓每一個人都能夠意識到我們是一個不斷進取的人，一個能給自己和他人帶來物質和精神財富的人；讓許許多多的人樂於來到我們身邊，我們會從中發現更多的機會。就算我們此時的工作職位不能滿足我們成爲一個卓越之人的願望，我們也要堅信，在不久的將來，會有一個更加適合我們的位置在等著我們。

我們要相信，不管我們身邊的環境如何，也不管我們所處行業的發展狀況如何，都無法阻止我們獲得成功和到達富裕。就如我們不能透過到鋼鐵托拉斯打工發財，卻可以透過經營一個十英畝的牧場來致富一樣。只要我們始終以「特定的方式」去思考去行動，總有一天我們會從托拉斯企業中掙脫出來，進入我們理想中的行業，並從那裡開始開創我們的財富天地。

如果公司裡的上千名員工都能以本書所講述的「特定的方式」進行思考和行事的話，公司的老闆很快就會發現自己只有兩種選擇：或許給予員工更多的致富機會，或許關閉公司大門。沒有哪個企業主能夠迫使員工在沒有希望的環境中工作，因爲沒有任何人必須依靠公司謀生。一個對致富學問有所知曉的人，一個願意將致富學問付諸實踐的人都清楚這一點。

以「特定的方式」思考和行動，我們就能改善自己的處境，找到更好的致富機會。我們的信念和決心會感染宇宙能量，它則會幫助我們獲得這樣的機會。不過，我們的期望不要過高，不要期望馬上出現一個十全十美的機會。只要一個機會就可以改善我們的處境，並對我們具有相當的吸引力，我們就應該趕緊抓住它，邁開成功的第一步。讓我們堅信：只要我們邁出了第一步，我們就會發現越來越多的好機會正向我們走來。

這個世界上的每一個人都有可能成爲一個卓越之人。這是宇宙的一條根本法則：萬物因進取者的存在而存在，爲進取者的幸福而運轉。

每一個積極進取的人，只要能以「特定的方式」去思考和行事，就一定能夠過著富足的生活。所有那些依靠微薄薪資謀生的人們，請認真讀一讀此書，並滿懷信心地遵行這些行動指南。富足的生活最終一定會屬於我們。

今日事今日畢，集中精力做好今日之事

不要違反致富的戒律

★讓一切服從你的渴望

> 如果我們遭受失敗，那是因爲我們渴求的還不夠多，渴求的還不夠強烈。不管前方可能出現多麼巨大的障礙，你會發現：如果你一直堅持自己的預定計畫，當你走到那一點的時候，遠方的障礙已經消失了。懷著堅定致富目標的人沒什麼可以束縛他們，集中精力致富，我們將銳不可擋。

也許依然有許多人對致富的法則不以為然，也不覺得致富是一門精確的學問。他們總是認為世上的財富是有限的，而社會環境也會制約我們的致富行動。只有在社會得到改變後，人們才有可能獲得更多的財富。

但是，真實的情況卻並非如此。目前在許多國家，的確有許多人依然生活在貧困之中。但人們沒能富裕並不是因為政府治理不周，而是因為那裡的人們還沒有學會以「特定的方式」去思考和行動。

當人們接受了本書的建議，開始改變自己的行事方式，那麼，他們的致富活動將勢不可擋，無論什麼樣的政府和經濟體制都無法阻止他們成為富足之人。而這所有的體制都將順應人類的發展，因而做出相應的改變。

如果一個人真正富有進取之心，一直堅守致富的信念和致富的目標，並積極地按照「特定的方式」行事，他就一定能走出貧困，走向富裕。

不管在任何時候，任何地方，我們都有權改變自己，遵照本書的建議，以「特定的方式」去思考和行動。不管在哪個政府的治理下，我們都完全可以實現自己的致富目標。而如果許許多多的人都這樣做的話，政府的體制就會被迫發生變革，致富的道路也將被打通。

對於我們這些普通民眾，要獲得最終的經濟解放的唯一途徑就是實踐本書的致富法則。這樣做的人越多，富裕起來的人就會越多。而先富起來的人有責任以自己的致富之道去影響更多的人，激發他們內心對財富的嚮往，幫助他們樹立起致富的信心和決心。

所以，我們要明白，政府體制、經濟體制和競爭機制在致富過程中已經發揮不了實質性的作用。當我們掌握了「創造致富」的祕訣，我們就會從競爭致富的桎梏中解脫出來，進入自由致富的康莊大道。

我們應該時刻牢記「創造致富」的思想，並對此堅信不疑，毫不動搖。

更不要認為世上的財富供給有限，或者採取「競爭致富」的手段做事。我們千萬要遠離「競爭致富」這顆危險的炸彈，以免舊事重演。

不管在何時何地，一旦我們的思想不小心陷入了競爭的陷阱，我們就要立即加以糾正，以免競爭式的思維影響我們對宇宙能量的運用，以免破壞我們的致富行動。

下面我們就以總結的方式再次提醒讀者朋友們，在運用致富法則時應該特別注意以下三點：

1. 今日事今日畢，集中精力做好今日之事

明天要發生什麼事我們並不能預先知曉，所以，不必為明天也許會發生的事情傷腦筋，也不必浪費時間和精力去做一些無用的應急計畫或措施，除非它有可能影響我們的行動。我們應該把全部心思花在今天該做的事情上。至於明天將會發生什麼，就讓它發生好了，到時候我們自然能夠處理好它。

俗話說：車到山前必有路。我們不必總是去憂慮有可能阻礙我們前進的困難，除非人們意識到必須改變現有的行動以避開這些障礙。不管前面可能會出現多大的困難，我們都應該始終堅持我們的致富信念，以「特定的方式」去思考和行動。等到我們快接近這些困難時，它們就會消失不見了。就算屆時它們還沒消失，我們也肯定會找到一條能夠跨越它的道路，繼續向致富之路前進。

只要我們嚴格按照科學的法則去致富，就沒有什麼事情能嚇倒和擊退我們。二乘以二的答案一定會等於四，這是毫無懷疑的定律法則。致富法則也一樣，只要遵守了它，就一定能變得富裕。

我們也不要總是去擔憂有可能出現的災難、恐懼、障礙和一切不利的環境。就算它們在致富的道路上真的會出現，我們也會有足夠的時間和能力去戰勝它們。世事就是那麼奇妙，每一個困難的出現，都會有一個能夠克服它的辦法緊隨它而來。

2. 給人留下不斷進取的印象

無論是在工作還是閒暇之餘，我們都要注意自己的言語。要永遠避免使用憂傷沮喪、令人氣餒的語氣談論自己的一切。在談論自己、自己的工作以及其他一切與我們息息相關的事情時，我們都要滿懷美好的信念，永遠不要去想像那些「可能的失敗」。

我們也永遠不要去抱怨自己的日子如何地艱難，生活如何不盡人意。這種情形只會出現在那些競爭致富者中，他們是難以避免這一天的。但對於我們這些創造致富的人來說，這種情況永遠都不會出現，因為我們的無限創造力能夠超越一切艱難險阻。

我們會看到，當他人的日子艱難、生意衰敗之時，正是我們發現並獲得最大機會之時。

3. 堅定信念，心懷感激，積極進取

我們要時刻提醒自己我們身處的世界是一個日新月異、不斷發展的世界，我們眼前出現的不良的事物也只是暫時的社會現象，是有待人類去發現和改進的事物。所以，我們在言談之中，時時處處都要傳遞出一種積極進取的資訊，我們的致富信念永遠與進取心同在。我們如果不思進取，也就不會有堅定的信念，也就談不上成功的可能。

永遠都不要放棄希望。也許我們經常遇到一些令人沮喪的事件，比如，當我們滿懷期待想得到一樣東西，但在預定的時間內卻沒能得到，於是我們就會深感失望，覺得自己失敗了。但一個真正具有堅定信念的人就不會這樣想，他會覺得這僅只是表面上的失敗而已，他依舊滿懷致富的信心。因為，他每時每刻都堅持以「特定的方式」行事，雖然有時候沒有實現既定的目標，但他始終相信後面會有更多更美好的東西等待他去摘取。如果我們人人都能這樣想的話，我們就會明白，一次小小的表面上的失敗往往就是通往成功的階梯，或者說正是這些失敗造就了我們最終的成功。

曾經有一位深信本書致富學問的讀者，決心做一件看起來非常不錯的生意。為此，他連續努力了好幾週，但當關鍵時刻來臨時，他卻不明緣由、莫名其妙地失敗了，就好像有一些看不見的力量在暗暗跟他做對。但他沒有因此氣餒，相反地，他感謝自己的選擇，繼續帶著一顆感恩之心工作。幾個星期之後，一個更好的機會來到了他的面前，這個機會如此之好，使他覺得沒有任何理由繼續堅持先前的目標了。這次經歷，令他從中看到遠比自己更多的智慧，幫助他避免了因為對小利的追逐而失去更大的福分。

猶如這個例子一樣，我們的每一次小失敗，最後都將成為我們成功的潤滑劑。讓我們感謝生活中的失敗吧，因為它們對我們是利多而害少的。只要我們對身邊的一切都充滿感激之情，擁有堅定的致富信念，並持之以恆地積極進取，高效率地完成每一項工作任務，生活就會回饋我們更多財富和幸福。

如果我們遭遇了失敗，那是因為我們渴求的東西還不夠多，渴求的程度還不夠強烈。堅持下去，我們所尋求的更大願望將會實現。請牢記這一點！

請你相信自己！當你做著你喜歡的事情時，沒有什麼理由可以阻攔你邁向成功。如果你能按照本書的建議做事，你就會發現自己的工作能力越來越強，自己離成功也越來越近。

本書的致富法則可以激發我們的內在潛力，可以培養我們更多的致富能力，我們沒有理由不去遵照執行。

當一項新的任務來到我們手中時，千萬不要退縮和氣餒，不要擔心自己的能力是否能勝任它。我們儘管一路奮鬥下去，當我們踏上了一個新台階，相應的常識和能力就一定會來到我們身邊。例如，那位亞伯拉罕·林肯總統，他的出身並不顯赫，甚至有些低微，他也不曾受過良好的教育，但他卻依靠自己的進取精神和巨大的勇氣取得了前所未有的成就。如果我們也能擁有這樣的精神和膽量，我們一樣可以實現自己的理想。

記住：一定要堅持到底！一定要充滿自信！

細細地品讀本書，請隨時將它帶在身邊，只牢記書中的每一個理念和觀點，以此形成自己的致富信念。

當我們在聚精會神地閱讀此書時，我們就要放下所有的娛樂誘惑，遠離那些休閒場所；不要去接觸和探討那些具有悲觀內容的書刊，也不要去看與本書觀念相反的書籍。我們唯有集中精力學習這本致富之書，才能學會以「特定的方式」進行思考和行動，才能最終確定我們的致富目標、堅定我們的致富信念，培養我們的感恩之心。也唯有這樣，我們才能真正獲得富足和幸福。

我們要將自己的進取印象傳遞給每一個與我們有過接觸的人，
他們會回報給我們更堅定的信念和更多的財富。

邁向財富之巔

★堅定地持有自己的信念，高效率地完成每一件事

一個人獲取財富的多寡與他的願望的清晰程度、決心的堅定程度、信念的穩定程度和感恩的虔誠程度成正比。所以，只要你掌握了開啓財富之門的鑰匙——致富法則，你就擁有了無窮的智慧和力量，你就擁有了一切。財富之門的鑰匙就在你的手中，請再次銘記下面這些簡單易行的致富法則吧。

世間萬物源於宇宙能量（無物）。宇宙能量以其原始狀態，蔓延、滲透、充滿整個宇宙空間。相對人類的需求來說，能量的供給是源源不斷的。宇宙能量按不同的規律運行於所有宇宙空間，每一種有規律的運行都表現為一種事物或者一種運動過程。人類的思想可以影響宇宙能量，遵循「特定的方式」去思考和行動，我們的願望越清晰、越具體，對宇宙能量的影響越深遠，就越容易實現自己的財富夢想。

我們必須徹底拋棄「競爭致富」的意識，真正接受「創造致富」的觀念。唯有如此，我們才能和宇宙能量息息相通並與無形的智慧和諧統一。

我們應該對所得到的一切懷著完全的感激之情，保持真誠、持久的感激之情。唯有如此，我們才能以和諧的方式和宇宙能量並肩而行，實現自己的願望。要在腦海中描繪出一幅清晰、明確的圖像；我們想要什麼？我們想要做什麼？我們想成為什麼樣的人？務必把這幅圖像深深刻印在腦海中，同時虔誠地感謝造物主將它的願望賜予我們。用我們閒暇的時間深思這幅願望圖景，並且以真誠的感激之情，想像我們的願望圖景正在一步步實現。

我要再一次強調：

致富的關鍵在於，不斷沉思心中的願望圖景，同時心懷堅定的信念和虔敬的感激之情！

這是如此地重要，再怎麼強調都不過分。唯有如此，我們才能把自己的意願傳遞給無形的宇宙能量，由此啟動宇宙間無所不在的創造之力。

創造的力量透過現存的工業和社會秩序，以自然增長的形式發揮作用。如果我們遵循本書的法則，持有堅定的信心，願望圖景中的一切，都將會透過已有的貿易或商業管道來到我們的身邊。

但它們不會無需行動就自動變成我們的。為了獲得它們，我們必須馬上行動，卻不能急躁草率。從此刻、從此地、從我們現在就能做的一切開始。

我們應該堅定地持有自己的信念。

我們應該盡力地做好每一天的工作。

我們應該高效率地完成每一件事情。

做一個卓越的人，讓自己不斷地進步。

我們得到自己所需要的，就要回報給對方更多他所需要的。

我們要將自己的進取印象傳遞給每一個與我們有過接觸的人，他們會回報給我們更堅定的信念和更多的財富。

所有遵照此致富法則而行動的人都將獲得財富，獲得幸福。

一個人獲取財富的多寡與他的願望的清晰程度、決心的堅定程度、信念的穩定程度和感恩的虔誠程度成正比。所以，只要你掌握了開啟財富之門的鑰匙——致富法則，你就擁有了無窮的智慧和力量，你就擁有了一切。

財富之門的鑰匙就在你的手中，請再次銘記這些簡單易行的致富法則吧！請積極行動起來吧！富足生活就在不遠的前方。

馬戲團裡的億萬富翁

《馬戲團裡的億萬富翁》是作者巴納姆於晚年時整理成書出版的賺錢藝術，一共二十一條，也被稱爲「創造財富的二十一條法則」。

作者簡介

巴納姆（一八一〇～一八九一）是美國歷史上一位生平最多彩多姿和最著名的人物之一。作為一名完美的展覽演出主持人和企業家，巴納姆由於給全美國人同時帶來高雅和低俗的文化而聞名。

雖然巴納姆的名字將永遠與巨大的美國熱鬧的馬戲表演相聯繫，但人們經常說他最偉大的成功是在一八五〇年，也就是當他介紹歐洲戲劇巨星珍妮·蘭德給美國大眾時。

在一八五四年，巴納姆撰寫並出版了他的傳記：《巴納姆的人生》，他親自執筆。到一八七二年，巴納姆的企業已經成為「地球上最大的展覽演出公司」。當時，「巴納姆旅行世界的露天遊樂場、大羅馬巨型河馬和地球上最大的展覽」佔地五英畝，座位可同時容納一萬人……為了達到更多的人數，連欄杆外也擠滿了人。

晚年的巴納姆將他的賺錢藝術整理成書出版，就是你即將讀到的這本《馬戲團裡的億萬富翁》。

通向財富大道的基石

★良好的健康狀況是成功的基礎，也是財富的基礎

今天，對每個健康狀況良好的人來說，賺錢一點都不難。在這個世界上，有無數的成功大道向人們敞開，不論男人或女人，只要他們願意從事任何能夠提供的體面職業，都可以找到一份可以足夠維持生計的工作。

所有真正渴望獲得經濟獨立的人，就像他們想要達成其他方面的目標一樣，只需要投入心思，並採用正確的方式，事情就很容易做好。然而，無論賺錢是多麼容易，我想我的許多讀者會同意：在世界上，保持賺錢仍是一件最困難的事。

富蘭克林博士曾說過，「通向財富的路，就像通向磨粉廠的路一樣平坦。」它僅在於支出少於我們的收入；這看起來是多麼簡單的問題。米高伯先生，和藹的狄更斯幸福創建者之一，把這種情況說得更明白，他說，那些每月賺二十英鎊卻消費二十英鎊零六便士的人，將是最悲慘的人；然而，如果每月只有二十英鎊的收入，僅消費十九英鎊六便士，他們就會成為最幸福的普通人。我的很多讀者會說：「我明白這個：這就是節約，我們明白節約就是財富；我們明白我們不能一邊吃我們的蛋糕，一邊又要保持它。」

可是，請允許我說，很可能絕大多數的失敗案例，起因於在這一點的誤解上超過其他幾乎所有原因。事實是，許多人並不真正懂得節約的本質涵義。

由於節約的本質被人們誤解，因此人們在沒有正確理解這個原則的情況下安排日常生活。有一個人說：「我有一筆很豐厚的收入，同時我的鄰居收入也是這麼多；可是每年他都有一部分剩餘的錢，並對某些事情有很完備的預算，而我卻陷於很大的困頓；這是為什麼？我自己完全懂得節約。」他認為他懂得節約，可他並不真正懂得。有人以為節約就是節省修剪下來的乳酪屑和貯存起來的蠟燭末端，就是從洗熨衣服的帳單中砍掉兩便士，並做各種卑微、低下和骯髒的事情。節約並不是吝嗇。

還有，不幸的是，這類人只在某一方面進行節約。他們幻想著他們令人吃驚地從該花兩便士的地方節省出半便士來，以致他們認為他們可以在另一方面大肆揮霍地支出。許多年前，在石油被發現之前，一個人可能夜晚待在房子裡，首先吃一頓豐盛美味的晚餐，然後他可能想在起居室裡閱讀，可是，結果發現僅用一根蠟燭，燈光很暗，這樣讀書看報是不可能的。

女主人看到他的窘境，將會說：「晚上在這裡閱讀是很困難的；俗話說，你必須在大海裡有一艘船，以便能夠立刻點燃兩根蠟燭；我們從來沒有點過一根額外的蠟燭，除非在特殊的場合。」這些特殊的場合，每年或許會碰到兩次。在那個時候，優良的女主人透過這種方式節省下五、六或十美元；但是，憑藉充足而明亮的光線，人們從閱讀中獲得的資訊，其價值遠遠超過一噸蠟燭。

你看到出色的商人會把所有的舊信封和摘要保存下來，如果可以避免，他們不會撕掉一張新的紙片給任何人。這都非常好；他們可以透過這樣的方式每年節省五或十美元。但由於這麼節省（只在紙張方面），他們便認為他們可以負擔得起浪費時間；加入奢侈的高貴場所，驅使他們的四輪馬車。

這就是富蘭克林博士所說的「在水龍頭上節省，在塞孔上浪費。」「在便士上聰明，在英鎊上愚蠢。」龐芝在談到這類「單一觀念」的人時說：「他們就像為家庭晚餐買一便士的鯡魚，然後雇一輛長途汽車和四個人把它帶回家的人。」我從來沒見過哪一個人透過實行這種節省而獲得成功。

真正的節約在於總是使收入大於支出。如果需要，穿舊衣服的時間再長一點；省下一雙新的手套；修補舊的著裝；若有可能，以更簡樸的飯食為生；因此，在所有情況下，除非一些不可預見的事情發生，否則將會有一個盈餘而使收入增加。

這裡一便士，那裡一美元，放到利潤裡面，不斷累積，透過這樣的方式，想要的結果就會得到。也許，實行節約需要一些訓練，但一旦習慣它，你會發現合理的節約比非理性的開銷更令自己滿意。

在這裡，我推薦一個訣竅；我發現它對摒除鋪張浪費有顯著的作用，尤其對於節約的誤用更是如此。當你發覺自己有一份很好的收入，可是到年底時卻沒有一點節餘，我建議你拿一些紙張，並把它們做成一個本子，然後記下每一項支出及其數額。把它張貼在兩個欄目下，一個欄目的標題為「必需品」或甚至「舒適品」，另一個欄目的標題為「奢侈品」，你會發現後一個欄目的數額比前一個欄目的數額多出兩倍、三倍乃至十倍。

真正的舒適生活值得付出代價，但其中只有一小部分是我們大多數人能夠享受得到的。富蘭克林博士說：「是別人的眼睛，而不是我們自己的眼睛毀壞了我們。如果除了我自己，所有的世人都瞎了眼，我將不會在意好的衣服或家具。」恰如葛蘭迪女士所曾說的，正是這種恐懼促使許多了不起的家庭不停工作。在美國，很多人喜歡反覆說「我們都是自由和平等的」，但在更多人的感覺中，這是一個巨大的錯誤。

在一個人的感覺中，我們生來而「自由與平等」是一個美妙的真理，可是我們並非生來而一樣富有，我們將來也永遠不會。一個人可能會說：「有一個人每個月的收入是五萬美元，可是我的每月收入只有一千美元；在我與那傢伙認識的時候，他跟我一樣貧窮；現在他很富有，他自己也認為比我好；我要向他表明我跟他一樣好。我要去買一匹馬及輕型馬車；不，我不能那麼做，但我要在今天下午去租一匹馬，並騎著牠經過他所走過的道路，以此來向他證明我跟他一樣好。」

我的朋友，你不需要承攬那樣的麻煩；你可以輕易地證明你「跟他一樣好」。你只需像他那樣做得出色；但你不能讓任何人相信你跟他一樣富有。除此之外，如果你裝出這些「姿態」，加上浪費你的時間和花費你的金錢，那麼你可憐的妻子將被迫在家裡塗抹她的手指，每次買兩盎司的茶葉，還有其他每一種相應的物品，以便為了使你保持「體面」，最終，卻欺騙不了任何人。另一方面，史密斯夫人可能會說她的隔壁鄰居嫁給約翰是為了他的錢，而且「每一個人都這麼說」。她的鄰居有一件漂亮的駱駝毛披肩價值一千美元，她要史密斯給她買一件相似的披肩，她要坐在靠近她鄰居的教堂長椅上，目的是為了跟她顯得平起平坐。

我的好朋友，如果你的虛榮心和嫉妒心這樣引領著你，你不會在這個世界上處於領先。在這個國家，我們相信大多數人應該佔主導，可我們忽視了潮流方面的原則，讓一小群人（他們自稱上流社會階層）追趕著一個錯誤的完美標準，並使自己力圖提升到那樣的水準，因此我們經常使自己陷於貧窮；在大部分的時間為了外在的體面而破費。

做一個「自己掌管自己」的人多麼明智，並說「我們會根據我們的收入來調整我們的支出，儲存一些東西，以便為下雨天做準備」。在賺錢的課題上，人們應該像在其他的課題上一樣保持理智。相似的原因帶來相似的結果。你不能透過導致貧窮的道路來累積財富。不需要預言家來告訴我們——那些完全依照他們的方式生活、沒有在生活中徹底改變思想的人，永遠無法獲得在金錢上的獨立。

習慣於使自己的每個偶然想法和怪異念頭都得到滿足的男人和女人，會發現要做到這一點很困難。首先，要砍掉他們的各種不必要的消費，接著感覺到住在一棟比他們已經習慣了的房子更小的房子，且只帶有更少的高品質家具、更少的同伴、更少的值錢的衣服，同時只有數量更少的球會、聚會、逛劇院、坐四輪馬車、愉快的遠足、吸雪茄、飲酒，以及其他鋪張的消費等，是一個極大的自我克制。如果他們設法實行一個「儲備金」的計畫，或者換另一種說法，用一筆小額數目的金錢產生利潤或審慎投資在土地上，他們將對從每天增加自己的小「財堆」中所獲得的快樂感到驚訝，就像從經由這個課程所養成的節約習慣中獲得的快樂一樣。

當那些開始認識到儲蓄的快樂的人沉迷於考慮成本上的節約時，老舊的衣服和過時的女帽與連衣裙，將適合於另一個時尚季節；克羅頓或泉水味道比香檳更好；一次冷水浴和一次輕快的散步比坐在最好的長途汽車著實更令人高興；一場社交閒談、一次家庭內部晚間的閱讀，或一個小時的「捕捉淺口拖鞋」和「盲人愛好者」的遊戲，將遠遠比五十或五百美元的聚會更令人愉快。

大批的人陷於貧困，而無數的人在得到相當充足的支持之後依然陷於貧困，其原因在於他們把生活的計畫放置於一個太寬廣的平台。一些家庭每月開支兩萬美元，甚至更多，他們並不知道如何以更少的開支來生活，然而其他家庭僅以那個數目的二十分之一來確保獲得更穩固的滿足與歡樂。繁榮是一個比困窘更加嚴峻的考驗，尤其是突然的繁榮。正如人們所說：「來得快，去得也快。」

當一個人被一種驕奢和虛榮的情緒完全統治時，這種情緒就是侵蝕他所有世上財富的致命蠹蟲，無論這些財富是小還是大、幾百還是上百萬。許多人，一旦他們開始富有，立即欲望膨脹，並著手進行奢侈的消費，直至短短一段時間內他們的消費吞噬了他們的收入，他們便在企圖維護面子和製造「轟動」的荒謬中被毀掉了。

我認識一個幸運的紳士，當他第一次開始發達時，他說他的妻子會擁有一個新的、高雅的沙發。「那個沙發，」他說，「花了我三萬美元！」當沙發放到家裡時，他發現需要一個椅子來匹配；然後，是需要輔助性的護板、地毯和桌子與它們「相配」，就這樣，他換掉了所有的家具。

最後他發現，房子本身顯得相當小，還有，家具看起來很過時，因此，需要建造一幢新房子以吻合剛購買的家具。「這樣，」我的朋友補充說，「由一個單一的沙發所引起，總共三萬美元的開銷，完全負擔在我身上，而且，每年支付給傭人、馬車，還有必要的維護新建房子狀態良好的侍護人員等，高達一萬一千美元，一個棘手的問題在於：十年前，我們生活得過於舒適，因為很少有什麼要操心的，如同許許多多的人。」

「事實是」，他繼續說：「那個沙發給我帶來不可避免的破費，對於我，這是由發達導致的前所未有的情形，同時，我沒有檢視自己『大出風頭』的本能欲望。」

在生活中，良好的健康狀況是成功的基礎：它是財富的基礎，也是幸福的基礎。一個人，當他體弱多病時，他不能很好地累積財富。他沒有雄心；沒有鬥志；沒有力量。當然，也有那些健康不佳，卻依然擁有財富的人：你確實不能期望這樣的人能夠累積財富，但他們中也有許多人不必累積財富。

既然，適當的健康是生活中成功和幸福的基礎，那麼，我們學習健康的法則是多麼重要，它無異於自然法則的另一種表達！我們越是接近自然法則，我們便越是接近良好的健康，然而，有多少人對自然法則毫不在意，且恰恰是絕對地違背它們，甚至違背他們自身的原本意向。

我們應該知道，「忽視的惡魔」從來不在違背自然法則方面眨一眨眼；他們的違反總是帶來懲罰。一個小孩可能把他的手指放入火苗中而不知道它將會燃燒，因此，他不得不痛苦、懊悔，甚至劇痛不止。

我們的很多祖先很少知道通風的原理。他們不知道很多關於氧氣的知識，儘管他們已經熟識其他任何「把戲」；因此，相應的結果是，他們建造自己的房子時，寢室僅有七英尺寬、九英尺長，而白天，那些正值年老的虔誠清教徒則把他們自己鎖在一間單人房之中，念他們的祈禱詞，然後睡覺。在早上，他們又誠懇地起來感謝「他們生命的保護神」，因為在整個夜間，沒有人有更好的理由表達謝意。或許窗戶或門板上的一些大裂縫讓一點新鮮的空氣進來，就這樣救活了他們。

為了趕時髦，許多人故意違反自然法則而背離對他們更好的欲望。舉個例子，有一種東西，除了極壞的寄生蟲會自然地喜愛之外，沒有任何生物會喜歡，那就是菸草；可有多少人有意識地訓練自己形成一種並非自然的欲求，他們極力克服這種原本對菸草的厭惡感，以致他們竟然開始愛上它。

他們已經抓住了一種具有毒性、骯髒的雜草，情願緊緊抓住它們。有不少已婚男士一邊踱步，一邊隨口把菸草的汁液吐到地毯和地板上，有時甚至吐在他們妻子的旁邊。他們沒有像那些酗酒的醉鬼那樣把他們的妻子踢出門外，但他們的妻子經常希望他們住在房子之外，對於這一點，我沒有任何懷疑。另一個危險的特徵是，這種人為的欲望，就像嫉妒一樣，「以它所餵養的維生」；當你愛上這種非自然的欲望，那麼一種比無害的自然欲望更為強烈的渴求，就會因這種有害的事物而產生。

「習慣是人的第二天性」

有一句古老的格言這麼說，可是，一種人為的習慣比天性還強大。例如，一個老菸槍，他對「菸草塊」的嗜好強過任何一種特定的食物。對他來說，停止吃烤牛肉比停止吸菸更容易。

年輕的小夥子抱怨他們不是成人；他們希望自己睡覺的時候是男孩，醒來的時候是成人。為了做到這一點，他們模仿比他們年長的人的壞習慣。小湯米和約翰尼看見他們的父親或叔叔抽著一個菸斗，他們說，「如果我只要那樣做，我也會成為一個成人；約翰叔叔已經出去，而留下他的菸斗，讓我們試試抽一下。」他們拿一根火柴，點燃它，然後從嘴裡噴出煙氣。「我們將學會抽菸；你喜歡嗎?約翰尼。」那小夥子傷心地回答：「不是那麼喜歡；它味道很苦。」漸漸地，他顯得蒼白無力，但他枯燥地堅持著抽菸，他很快就在時尚的聖壇上供奉上一個祭品；然而，孩子們堅決要抽菸，並且不屈不撓，直到最後，他們壓制他們原本的欲望而成為後天習得嗜好的犧牲品。

我說的是「認真的」，因為我已經在我的身上體驗到了它的作用，我曾經每天抽十到十五根雪茄；儘管過去的十四年中，我再也不用這種雜草，將來也永遠不會。一個人菸抽得越多，他越是渴望抽；上一口雪茄只會刺激他抽下一口的欲望，如此重複不斷。

拿抽菸者來說，在早上，當他起床，他把一個菸草塊放在嘴裡，並讓它保持在那裡一整天，永遠也不會拿出來，除非換一塊新的或者當他去吃飯時；哦！是的，在白天或晚上的間隔中，不少抽菸者拿出菸塊，放到手裡足夠長的時間，以便於喝酒，接著發出砰的一聲，又抽起來。

這只是表明了對萊姆酒的欲望強於對菸草的欲望。當抽菸者來到你的鄉下所在地，你給他展示你的葡萄園和果園，以及美麗的花園，當你提供給他一些新鮮、成熟的水果，並說，「我的朋友，我已經把最甜美的蘋果、梨子、桃子和杏子拿到這裡，我從西班牙、法蘭西和義大利進口它們，不妨看看這些香甜的葡萄；沒有什麼比成熟的水果更可口和更有益於健康的，因此，隨便吃；我但願看到你因為這些東西而快樂。」他會在他的舌頭下捲起他可愛的菸塊，回答說，「不，謝謝你，我已經有香菸在我的嘴裡。」

他的味覺已被有害的菸草所麻醉，在相當程度上，他已經喪失了對水果鮮美和令人羨慕的味道的感覺。這顯示了人們將形成多麼奢侈、無用和致命的習慣啊。我是根據經驗來說這些。我曾抽很多菸，直到我像山楊樹葉那樣搖曳，血液上衝到我的頭頂，我的心臟有一種悸動，以致我認為我得了心臟病，直至我幾乎被驚恐所殺害。

當我諮詢我的醫生，他說：「戒除你的菸癮」。我不僅損害了我的健康和花費了大把的金錢，還樹立了一個很壞的榜樣。我遵守醫生的忠告。

當一個年輕人想到他確實在十五美分的雪茄或一個海泡石的支持與作用下，那麼在世界上，再也沒有其他年輕人看起來比他更漂亮。相對於令人興奮的酒精所產生的作用，這些評述產生的力量是它的十倍。為了賺錢，需要一個清晰的大腦。一個人必須明白二加二等於四；他必須透過思考和事先謀劃來擬定他的所有計畫，並仔細地檢查所有細節和生意上的進與出。

除非一個人具有一個大腦使他能夠制訂計畫，並在執行中合理地指導他，否則沒有人可以在生意上獲得成功，因此，無論一個人在智力上多麼受到厚賜，如果大腦糊塗，他的判斷力被令人迷醉的酒精所扭曲，那麼，對他來說，要將生意經營成功是不可能的。

當一個人跟他的朋友慢慢品飲一席「交際之杯」，多少良好機會已一去不復返！在暫時使它的犧牲者認為自己是闊綽的「神經」的影響之下，多少愚蠢的交易已經達成。由於酒杯已經把神經系統扔進一種倦怠狀態，也使對生意成功至關重要的精力變得無效，多少重要的時機已被拖延到明天，乃至永遠。

確切地，「酒是一個嘲弄者」。飲用令人迷醉的酒品飲料，就像吸食鴉片那樣，是一種極大的迷戀，前者對生意人獲得成功的破壞也跟後者一樣。它是一個絕對的惡魔，絕對非哲學之光、宗教和卓越的見識所能抵禦。在我們國家，它幾乎是其他所有惡魔的源頭。

不要分散你的力量

★許多財富就是因為一個人同時從事太多的職業而從他的指間滑落而去

只從事一種生意，並忠誠地堅持下去，直到你獲得成功，或直到你的經驗表明你應該放棄它。持續不斷地敲擊一顆釘子，最終總會把它釘到適當的位置，以致它可以被敲彎釘頭而固定住。

當一個人把全部的注意力集中在一個目標上，他的思想會時常得到啟發而提升實用性，如果他的大腦被一堆不同的問題所佔據，這些有價值的啟發就會立即逃開。

許多財富就是因為一個人同時從事太多的職業而從他的指間滑落而去。

不要一次在火裡放太多鐵條，這古老的警戒包含著很深的道理。

依靠你的天性愛好去賺錢

★一個人如果想成功，需要依靠他天賦的興趣傾向，並配合他的特殊才能

在年輕人開始生活的過程中，最安全的計畫和一個最可靠的成功之道，就是選擇出最符合他先天秉賦而極感興趣的工作。很多的父母和監護人在這方面通常相當疏忽。一個父親這麼說是很常見的，比如：「我有五個男孩。我將讓比利做一個牧師；約翰做一個律師；湯姆當一名醫生；還有迪克當一名農場主人。」然後，他走到鎮上去，看看四周，以便確定他要讓薩米做什麼。他回到家，並說：「薩米，我看製錶是一種高尚優雅的生意，我想我讓你做一名金匠。」他這麼做，完全不管薩米的本來傾向或天賦。

毫無疑問地，我們都生來而為一個明智的目標。我們的大腦就像我們的面部表情一樣呈現多樣化。一些人生而富有機械才能，而一些人則對機械有很大的嫌惡感。讓一打十歲的男孩集中在一起，你會很快觀察到其中兩個或三個正在「削」出

精巧的裝置；鑽研著鎖頭或複雜的機械。當他們只有五歲時，他們的父親找不到什麼玩具像智力拼圖遊戲那樣讓他們快樂。

他們是天生富有機械才能的；但其他八個或九個男孩具有不同的天分。我屬於後者這一類的；我從來都沒有一點兒對機械裝置的喜好；相反地，我有一種對複雜機器的厭惡感。我從來都沒有足夠的靈巧來削出一個不會洩漏的蘋果酒桶。我從來都不能製作一枝可以用來書寫的鋼筆，或者理解蒸汽機的原理。

如果一個人帶領像我這樣一個男孩，並試圖為他培養一個製錶匠，這個男孩很可能在五年或七年學徒期之後，能夠把一個鐘錶拆開再組合上；但在整個一生，他將會感到工作吃力，並抓住每一個藉口，丟下他的工作，從而浪費他的時間。對他來說，製錶是很令人厭煩的事。

除非一個人依靠他天賦的興趣傾向，並配合他特殊的才能，否則，他不可能成功。我很高興地相信多數人確實找到了正確的天性愛好。然而，從鐵匠到牧師，我們也看到許多人弄錯了他們的職業。舉個例子，你會看到具有非凡語言能力的「博學的鐵匠」，他原本應該已經成為一名語言教師；你也可能已經看到那些律師、醫生和牧師，他們的天性原本更適合做鐵砧或石礅。

選擇正確的方向

★就算你付出了百分之百的努力，方向錯誤的話，成果也可能等於零

在你確定出正確的天性愛好之後，你必須小心地選擇正確的方位。你可能曾從一個旅館看守人的職位上被剔除，他們說那需要一種「懂得如何看守一個旅館」的才能。你也可能順利地管理一家旅館，並每天為五百名顧客提供滿意的服務；然而，如果你想要把你的旅館位置選在一個沒有鐵路交通或公眾旅遊的小村莊，那麼，這個方位將是你的困難起點。

在同一種行業中，不在那些所有需求都已得到滿足的地方開始從事生意也是同等重要的。我記得一個例子，它將很好地說明這個主題。

一八五八年，當我還在倫敦時，一次我和一位英國朋友沿著霍爾波恩走去，然後來到一個「便士展」。他們在外面放著巨大的卡通畫，上面畫著令人驚奇的奇人奇事，以便讓人們看到「只要一個便士」的字眼。我自身作為「展覽行業」的小角

色，對他說：「讓我們從這裡進去。」我們很快發現我們自己正站在一個傑出的展覽主持人面前，他被證明是在那個行業中我曾見過的最聰敏的人。

他給我們講了一些非常離奇的故事，比如有關他的長滿鬍鬚的夫人，他的患白化病的人，等等，我們對這些幾乎不相信，但心裡想：「相信它比去查找它的證據要好。」他最後懇請我們把注意力轉移到一些蠟像上，並給我們展示許多所能想像得到的最骯髒、最污穢的蠟像。它們看起來好像沒有看見從滅世洪水（《聖經》記錄的故事）中洶湧而來的滔天巨浪。

「哪裡有什麼像你這樣令人驚異的雕像？」我問。

「我請求你不要說得那麼有諷刺意味，」他回答，「先生，這些不是圖薩烏德夫人的蠟像，全部用金屬塗料、金屬絲以及仿真鑽石覆蓋，或從雕版印刷和圖片中複製出來的。我的蠟像，取自生活原貌。無論什麼時候，你看其中的一個雕像，你會認為你正在看活生生的個體。」

隨意地在它們上面瞄一眼，我看見一個標籤寫著「亨利八世」，感覺到有點奇怪，因為看上去它就像喀爾文．愛迪生，栩栩如生的一副骨骼，我說：「你把那個叫做『亨利八世』？」

他回答：「當然，先生，它是奉當時陛下的特別命令，在那樣的日子，被從漢普敦王宮中拿來的真實原型。」

如果我堅持反對，他將給我足夠的時間；我說：「每個人都知道『亨利八世』是一個身高體胖的老國王，而那個雕像是那麼乾瘦細長；對這點你怎麼說？」

「為什麼？」他回答說，「如果你坐在那兒像他那樣長的時間，你也會變得乾瘦細長。」

這樣的爭論沒有繼續下去。我對我的英國朋友說，「我們出去吧；不要告訴他我是誰；我佩服他，他戰勝了我。」

他跟隨我們到門口，並看著街上熙熙攘攘的人流，他大聲喊：「女士們，先生們，我懇請你們留意看看我的遊客中值得尊敬的著名人物。」當我們走時，他指著我們。兩天之後，我給他打電話；告訴他我是誰，並說：

「我的朋友，你是一個優秀的展覽主持人，但你已經選擇了一個不恰當的方位。」

他回答：「你說得對，先生；我感覺我的才能白白被浪費了；但我能做什麼呢？」

「你可以去美國，」我回答，「你可以在那裡充分施展你的才能。在美國，你會找到許多可以自由發揮的空間；我會雇用你兩年；之後你將可以自己當老闆。」

他接受了我提供的職位，在紐約博物館工作了兩年；然後，他去了新奧爾良，在夏天從事旅遊展出生意。今天他月薪六萬美元，僅僅因為他找到了正確的天性愛好，也找對了恰當的方位。古老的格言說，「三次搬遷等於一次火災那樣糟。」只是當一個人發生火災時，他多快或多頻繁地搬遷已無關緊要。

避免債務

★金錢是一個非常出色的奴僕，卻是一個蹩腳的主人

年輕人在出社會的開始應該避免借債消費。很少有什麼像債務那樣拖垮一個人。它使一個人走向不幸和奴隸般的處境，然而，我們看到許多年輕人，他們幾乎不超過二十歲，都是借債消費。他碰到一個密友，說：「看看這個，我已經賒賬買了一套新衣服。」看起來好像這套衣服是白送給他的；是的，事情常常就是如此，但，如果他成功地還債，然後又再一次賒賬，他就正在養成一種使他整個人生陷於貧困境地的習慣。

債務剝奪一個人的自尊，使他幾乎看不起他自己。

他嘟囔著，呻吟著，為自己已經吃掉或穿掉的一切而工作著。而現在，當他被要求還債時，他卻拿不出任何東西來變成錢；這正切合「為一頭死馬而工作」的說法。

我說的不是商人用信用卡進行買賣，或那些透過信用卡買進以便賣出謀利的人。老奎克對他的農場主兒子說：「約翰，永遠都不要賒賬；但如果你為什麼東西而賒賬，就讓它成為『肥料』，因為那會幫助你把它還掉。」

比切爾先生建議，如果能夠在鄉村地區買到一定數量的土地，年輕人可以借債。「如果一個年輕人，」他說，「只為買一些土地，然後結婚而借債，這兩樣事情會使他保持誠實，而其他的都不會。」這可能是安全的、有限度的擴張。但如果為吃、喝、穿而借債，那就要避免。一些家庭有一個在「商店」辦信用卡的愚蠢習慣，這常常會導致他們購買許多原本應該免除的物品。

所有人都常說這樣的話：「我已經賒賬六十天了，如果我還沒有錢，債權人將再也不考慮它。」在世界上，沒有哪一種人會像債權人一樣具有極佳的記憶力。當六十天過去時，你將必須償還。如果不還，你就破壞了你的承諾，並可能使用謊言。你或許會編造一些藉口，或從其他地方借債而償還它，但那只會讓你越陷越深。

一個相貌英俊、卻懶散的年輕小夥子，是一個學徒，名叫赫拉托。他的雇主說：「赫拉托，你曾見過一隻蝸牛嗎？」

「我——想——我——已經見過。」他慢吞吞地說。

「那麼，你一定已經遇見過它，不過我敢說你從來沒有趕上過一個。」這個「老闆」說：「你的債權人將遇見你或超越你，並說：『現在，我的年輕朋友，你答應還我錢；但你還沒有還，你必須給我你的借據。』你交給他這張寫明支付利息的借據，然後它開始生效而背對著你；『它就是一頭死馬。』當債權人晚上去睡覺，早上醒來時感覺比入睡時更好，因為他的獲利經過一夜而增加，可是你在睡覺之中變得更貧窮，因為你要支付的利息增加，它很不利於你。」

金錢在某些方面就像火；它是一個非常出色的奴僕，卻是一個蹩腳的主人。當你讓它主宰你；當利息經常堆積起來而背對著你，它將使你成為最糟糕的奴隸。但如果讓金錢為你工作，那麼，你就在世界上擁有一個最甘於奉獻的僕人。它是沒有眼睛的僕人。沒有什麼有生命或無生命的事物像金錢產生利潤那樣忠誠，那樣確定無誤。它沒日沒夜、也不管天氣濕潤或乾燥地工作著。

我出生在法律嚴苛的康乃迪克州，在那裡，老清教徒制訂了死板的法律，以致據說，「他們罰一個男人在星期天吻他的妻子。」然而，那些富有的清教徒將有成千上萬美元的利潤，而星期六的晚上將值一個數目確定的金錢；在星期天，他們將去教堂履行一個基督徒的所有責任。在星期一早上醒來，他們會發現他們已經比前天（星期六）更加富有許多，這一切只是因為根據法律，他們存儲的金錢可以產生利潤而忠心地為他們工作！

不要讓金錢背對著你而工作；如果你這樣做，就金錢而言，在你的生活中將沒有什麼成功的機會。約翰．蘭多爾夫，古怪的維吉尼亞人，曾在國會宣布：「斯皮爾克先生，我已經發現點金石：只要你起身離開，就要立刻付賬。」真的，這是比任何煉金術士已經發現的更接近點金石。

堅持不懈

★你變得貧窮是因為你處事的手太鬆弛，而勤快的手使你富有。

當一個人走在正確的路上，他必須堅持不懈。我說這些是因為有些人「天生怠惰」、本性懶散，不具備一點自我信賴和百折不撓的精神。但他們可以培養這些品格，正如大衛·克洛科特說：

「記住一點，當我死去：要確定你是正確的，然後勇往直前。」

正是這種勇往直前，這種決心不讓「恐懼」或「憂鬱」佔據你，以致使你在為獨立而奮鬥中釋放你的能量，這是你必須培養的。

多少人已經幾乎達到了他們雄心勃勃的目標，但，由於喪失他們自己的信念，導致已經發揮的能力和成功的桂冠永遠失去。

毫無疑問地，這通常是真實的，如莎士比亞說：

「在人們的事情中，有一股潮水，它取自氾濫，導向財富。」

如果你猶豫，一些更大膽的手將在你面前伸出，並摘取獎賞。記住所羅門的格言：

「你變得貧窮是因為你處事的手太鬆弛，而勤快的手使你富有。」

堅持不懈有時是自我信賴的另一代名詞。

許多人不假思索就只看著生活中黑暗的一面，因而引來麻煩。他們天生如此。然後他們尋求他人的見解，於是他們被不確定的一陣風所統治，被另一陣風所擊倒，不能完全地依靠他們自己。除非你能依靠你自己，否則，你根本不必指望獲得成功。

我曾親眼見到一些人，他們遇到金錢上的困難，幾乎想要自殺，因為他們認為他們幾乎再也不能戰勝他們的不幸。但我認識的其他人，他們遇到更嚴重的財務困難，並且僅透過堅持不懈而彌補了資金的不足，他們透過表現出來的堅定信念而獲得援助，接著，天意就「用美好制伏邪惡」。在生活的任何領域，你都會看見這樣的描述。

以兩位將軍為例：他們都精通軍事策略，都在西點接受過教育，如果你樂意，他們都一樣富有天分；然而，一個具備堅持不懈的品質，而另一個缺乏它，前者將在他的事業中成功，而後者注定失敗。

當他聽到喊聲：「敵人正向前衝鋒過來，他們有大炮。」

「有大炮？」這個猶豫的將軍說。

「是。」

「那麼，叫每個人都停止前進。」

他需要時間思考；他的猶豫是他的禍害；敵人毫不受干擾地通過，或打敗他。

然而在另一邊，勇氣過人、堅持不懈、自我信任的將軍，以堅強的意志投入戰鬥，在激烈的軍事對陣中，砲聲隆隆，傷患喊叫，垂死士兵呻吟，你會看到這個男人堅定信念，勇敢向前，以毫不動搖的決心砍掉一切路障，激發戰士們堅忍、英勇的行動而大獲勝利。

不要亂洩漏祕密

★別向他人談論任何有關你的利潤、你的希望、你的期待、你的意圖等話題

一些人有一種愚蠢的習慣，他們總是告訴別人他們生意的祕密。如果他們賺了錢，他們總是喜歡告訴他們的鄰居，他的錢是怎麼賺到的。這麼做什麼收穫也沒有，卻通常會導致很多損失。不要向他人談論任何有關你的利潤、你的希望、你的期待、你的意圖等的話題。而且，這不僅適用於口頭交談，也同樣適用於書面表達。

戈伊特說：「永遠不要寫下一個字，也不要毀壞一個字。」生意人必然要寫書信，但他們應該小心他們在它上面寫什麼。如果你正在虧損金錢，尤其要小心，不要洩露它，否則你的聲譽會受到損害。

完成你工作的職責，否則，你不會成功。

無論你做什麼，都要竭盡全力

★財富偏愛有勇氣的人

如果有必要，就不論早晚、不論季節、千方百計地去實行，而且，現在能做好就絕不拖延（哪怕只是一個小時）。古老的格言充滿真理和富有意義，「無論什麼，只要值得做，就值得全力做好。」許多人在從事他的生意的整個過程中獲得財富，可是他的鄰居仍然生活困頓，因為他只履行了它（格言）的一半。雄心、能力、勤奮和堅持不懈是在生意中獲得成功必不可少的前提條件。

財富偏愛有勇氣的人，而從來不會幫助一個不自我幫助的人。

永遠不要像米卡伯先生那樣在等待某些事情「出現」，這只會浪費你的時間，對於這樣的人，通常會「出現兩樣東西」：破舊的房子或監獄；因為悠閒無事滋養壞習慣，並讓一個人衣衫襤褸。

貧窮而生活極度拮据的流浪漢對一個富人說：

「我已經發現，如果被平等地分配，世界上將有足夠的錢供給我們每一個人；必須要這麼做，那樣我們所有人將一同幸福。」

「然而，」富人的回答是，「如果每個人都像你那樣，兩個月之內，它將被花光，接下來，你將做什麼？」

「哦！再次分配；不停地分配，當然！」

我最近看到一份倫敦報紙有一個報導說：

一位哲學家模樣的乞丐被從一個提供食宿的廉價公寓攆走，因為他支付不起他的帳單，但他的上衣口袋裡有一卷顯眼的文件稿，經察看，被證明是他的一份不需要一便士援助而償還國家債務的宏偉計畫。人們應該像克倫威爾所說的那樣做：「不要只是信賴天意，而要時刻保持火藥粉乾燥。」

完成你工作的職責，否則，你不會成功。

穆罕默德有一個晚上正在沙漠中露營，無意中聽到他疲憊不堪的追隨者的話語：「鬆開我的駱駝，信賴上帝！」「不，不，不要這樣，」這位先知說：「綁緊我的駱駝，信賴上帝！為你自己做一切你所能做的，剩下的，就是相信天意或運氣或無論什麼你所樂意稱呼祂的。」

除非一個人依靠他天賦的興趣傾向，
並配合他特殊的才能，否則，他不可能成功。

依靠你自己的努力

★如果一個人採取正確的方法來獲得成功，「運氣」就不會遠離他

雇主的眼睛通常比一打員工的手更有價值。在自然的情況下，一個代理人不太可能對他的雇主比對他自己更忠誠。許多雇主會要求注意那些即使最優秀的員工都已經忽視的關鍵點，而作為一個雇主，這些關鍵點不可能逃過他們的察覺。除非他理解他的生意，否則沒有人有權利在他的生活中期待成功；除非他透過親身應用和體驗而學習，否則沒有人完全理解他的生意。

一個人可能是生產商：他必須親自學會許多關於他的生意的細節；他會每天學習一些東西，而且他會發現他幾乎每天都在犯錯。如果他留意它們，那麼，恰恰是這些錯誤在獲得經驗上幫助他。他會像沿街叫賣罐頭的美國人，在購買他的商品方面，他已經在品質上受到了欺騙，他說：「好了，每天都獲得一點資訊；我將不會在那些方面再受到蒙騙。」這樣的一個人在購買他的經驗，這正是避免以高價購買他的商品最好的方式。

我認為每個人都應該像法國的自然學家祖瓦爾那樣，完全精通他的專業領域。祖瓦爾對自然科學史的研究是多麼擅長，以致你可以帶給他一隻動物的骨頭，或甚至只是該動物的一部分骨頭，而這隻動物，他以前從來沒有看到過有關牠的描述，可是根據相關事物的推理，他可以描畫出該動物的實體。

有一次，他的學生試圖蒙騙他。他們用母牛皮捲起他們其中的一個人，然後把他放在教授的桌子底下作為樣品。當這個善於思考的人走進房間，一些學生問他，牠是什麼動物。突然，這個動物說「我是魔鬼，我要吃掉你」。自然地，祖瓦爾想要對這個生物進行分類，並認真地檢查牠，他說：

「分為蹄類動物；虎鯨！不可能是。」

他知道蹄子分開的動物一定以草類和穀物維生，或是其他類別的草食動物，而不會傾向於吃肉，不論是死的或生的肉，因此他自我思考極其縝密可靠。為了確保你的成功，擁有關於你自己生意的非常透徹的知識是絕對必要的。

在老羅斯柴爾德的箴言中，有一句最顯得似非而是：「要小心而又大膽。」這表面上看起來自相矛盾，但它並非如此，在這句箴言中隱含著非凡的智慧。事實上，它是我所說過的一切話語的濃縮。它是說，「在制訂你的計畫過程中，你一定要運用你的小心；但在執行它們時，要大膽。」

一個總是過於小心的人，將永遠不敢抓住任何東西和獲得成功；而一味大膽的人，只不過是魯莽，最終注定失敗。

一個人可以不斷地「變化」，並在一次性的操作中進行五萬、十萬美元的投機性交易。但如果他僅是大膽而無小心，那麼，這些都是偶然性的，而且他今天獲得的，明天就會失去。為了保證成功，你必須同時具備小心和大膽的特質。

羅斯柴爾德家族還有一句箴言：「永遠不要與一個不幸運的人或在一個不幸運的地方做任何事。」也就是說：

永遠不與一個從來不成功的人或在一個從來不成功的地方做任何事。

因為，儘管一個人表現得誠實並有能力，然而，如果他嘗試這件或那件事總是失敗，這是因為一些你沒能發現的，但必定存在的過失或缺點。

在世界上，沒有什麼事物像運氣這樣。從來沒有一個人早上出門，就在大街上發現一個裝滿黃金的錢袋，而明天又發現另一個，如此等等，一天又一天，他可能在他的一生中有這麼一次；但是，他越是只關注運氣，他越是易於失去它。「相似的原因，帶來相似的結果。」如果一個人採取正確的方法來獲得成功，「運氣」就不會遠離他。如果他不成功，其中肯定有原因，雖然，或許他未能看到它們。

選用最好的工具或員工

★如果你獲得一個好的員工，留用他比持續變動更好

人們在雇用員工時，應該小心地選擇最好的。要明白，你不會擁有太好的工具而不能用來工作，同時沒有一種工具你應該像對待有生命的員工那樣挑剔。如果你獲得一個好的員工，留用他比持續變動更好。他每天都學習一些東西；你會從他取得的經驗中受益。

對於你，他今年的價值比去年高，而且他是最後一個離開工作的人，如果他的品行是好的，他會繼續忠誠。如果，隨著具有更大的價值，他要求一個過高的薪資增長；假定如果沒有他，你就會什麼也不能做，那就讓他走人。無論什麼時候，我有這樣一個員工，我總是不再雇用他；因為，第一，我確信他很快會獲得他的職位供給，第二，如果他認為他是無價的和不可替代的，他對什麼都沒有好處。

但如果可能，我會爭取留用他，主要是為了從他的經驗中獲得利益。對一個員

工來說，一個重要的因素是大腦。你能看見招聘廣告上寫有：「人手是需要的」，但「手」如果沒有「大腦」，就沒有多少價值。比切爾先生對這一點如此描述：

一個員工透過節省（資源）來提供他的服務，「我有一雙手，其中一根手指用於思考。」「那非常好，」雇主說。另一個人跟著過來，說「他有兩根手指用於思考」。「啊！那更好。」但第三個插進來說「他的所有手指和拇指都思考。」那仍是更好。最後，另一個走進來，並說：「我有一個頭腦可以思考，我全盤考慮；我是一個思考者，就像我是一個行動者那樣出眾。」「你是我所需要的人。」高興的雇主說。

因此，那些具有頭腦和經驗的人是最具有價值和不準備離開工作的人；這對他們更具有好處，就像對你一樣有好處，留用他們，並時常合理地增加他們的薪資。

學習一些有用的東西

★若你總是低效率的使用時間，成功從你手中流逝就是必然的

每一個人都應該使他的兒子或女兒學習一些有用的生意或職業，這樣，在今天富裕而明天貧窮的時運轉變的日子中，他們才有一些看得見的東西可以依靠。這種防備可以把很多人從由於一些預料不到的時運轉折，而喪失一切財富的不幸之中拯救出來。

沒有自我克制和節省以及耐心和堅持，
以不是你賺來的錢開始生意，你很難保證在財富累積中獲得成功。

不要讓你的生意荒廢

★金錢不能對任何事物帶來好處，除非你透過親身經驗瞭解到它的價值

許多年輕人在他們通過生意訓練或學徒期之後，不是追隨他們的天性愛好和在他們的生意中爭取成功，而是無所事事，什麼也不做。

他們說：「我已經學會了我的生意，但我不想去當一個受雇的員工；我學習我的手藝或職業的目的是什麼？除非我創立自己的生意。」

「你有資本開始你的生意嗎？」

「沒有，但我將會有它。」

「你怎麼得到它？」

「我會確定無疑地告訴你；我有一個富有的年歲很大的姑母，她很快就將離開人世；但如果她不去世，我希望找到一些富有的老人，他們會借給我幾千美元開始我的生意。只要我有錢開始我的生意，我會做得很好。」

當一個年輕人相信他用借來的錢可獲得生意成功，這將是最大的錯誤。為什麼？因為每一個人的經驗都與阿斯托先生所說的相符，他說：「累積他的第一個一千美元比累積後來組成他巨大財富的幾百萬美元更艱難。」金錢不能對任何事物帶來好處，除非你透過親身經驗瞭解到它的價值。

給一個男孩兩萬美元，並讓他投身商海，情況可能是不到一年，他就喪失其中的每一美元。就像買彩票和抽獎，它是「來得快，去得也快」。男孩他事實上根本不懂得它的價值；沒有什麼事物有價值，除非它值得努力付出。沒有自我克制和節省以及耐心和堅持，以不是你賺來的錢開始生意，你很難保證在財富累積中獲得成功。

年輕人，與其「等待死者的鞋履，不如起而行動」。因為沒有哪一類人是那麼不適應於即將死亡的狀態的，就像那些富有的老年人那樣，而這對於期待中的繼承人是幸運的。

今天我們的國家中，十個富人中有九個人都是作為窮苦的孩子以堅強的意志、勤奮、堅持不懈、節約和良好的習慣開始他們的生活。

他們漸漸發展，賺他們自己的錢，並積存它；而這是獲得財富的最好的方式。史蒂芬·吉爾德作為一個窮苦的小木屋裡的男孩開始他的生活，死時擁有九百萬美元。

斯特瓦特是一個貧窮的愛爾蘭男孩，而他每年繳納一百五十萬美元收入的稅收額。約翰·嘉伯·阿斯托是一個困窘的農場主的孩子，死時擁有兩千萬美元。科湼留斯划一條小船從斯塔頓到紐約開始他的生活，他贈送給我們的政府一艘價值一百萬美元的蒸汽船，死時擁有五千萬美元。

俗話說：「在學習上，沒有特殊的皇權之路」，而我可以說這同樣是正確的，「在財富累積上，沒有特殊的皇權之路。」

但我認為有一條通往知識和財富的特殊的皇權之路。學習的路就是一條特殊的皇權之路；這條路使學生擴展他的智力和增加他的知識寶庫，直到，在這條智慧成長的快樂的道路上，他能夠解決大部分的複雜問題，數星星，分析地球上的每一個原子，測量廣袤的蒼穹，這是一條威嚴的高速之路，而且也是唯一一條值得實行的路。

因此，在財富方面，要滿懷信心地前進，研究它的規則，而最重要的，要研究人類的本性；因為「正確地研究人類的是人」。你會發現當增進智慧和實力時，你擴展的經驗將使你每天都累積越來越多的資本，它會透過利息與其他方面而自己增加。你會發現，作為一種普遍的情況，窮苦的孩子變得富有，而富家子弟變得貧窮。例如：

一個富翁過世，留下大量財產給他的家人。他的年紀較大的孩子們，已經幫助他賺取了他的財富，因此借助經驗而懂得金錢的價值；他們獲取他們的繼承財產並使它增加。其餘年幼的孩子們則處於分享利潤的位置，這些小傢伙被輕輕地拍著腦袋，並每天被告知十幾次：「你是富有的；你將永遠都不需要工作，你可以一直擁有你想要的一切，因為你生來嘴裡含有一根金湯匙。」

這個年輕的繼承人很快發現這一切意味著什麼；他具有最好的衣裳和玩具；他被甜蜜的糖果所塞滿，幾乎「被溺愛所殺」，他從一個學校調到一個學校，被寵愛和奉承著。他變得高傲自大，虐待他的老師們，大手大腳地拿取每一樣事物。他對金錢的真正價值一竅不通，從來都沒有賺過一分錢；他只知道所有關於「金湯匙」的事情。

在大學，他邀請他的窮學生夥伴到他的房間，在那裡他「以酒肉款待」他們。他受到誘勸與奉承，並被稱為一個榮耀的傑出榜樣，因為他是那麼慷慨地支用他的金錢。他給他的玩伴提供晚餐，駕驅他的快馬，邀請他的密友舉行慶祝會和晚會，決心要度過許多「美好的時光」。

他在嬉戲和放蕩中度過夜晚，用熟悉的歌曲引導他的同伴，「我們直到早晨才回家。」他以壓倒一切的手勢招呼他們加入到他的行列中來，把門板從鎖鍊中挪開，並把它們扔進後院和馬槽裡。如果警察抓他們，他把他們（警察）擊倒，然後他被帶到拘留所，還高高興興地付賬。

「啊！我的孩子，」他大喊道，「有錢的用處是什麼？如果你不能玩得痛快！」

他或許應更確切地說，「如果你不能愚弄自己，」但他是「快速暴富的」，他憎恨一切緩慢的事物，也「看不見它」。滿載著他人的錢的年輕人，幾乎全都確定無疑地喪失他所繼承的財產，而且他們養成各種各樣的不良習慣，在大多數情況下，會損害他們的健康、錢袋和品行。在這個國家，一代接著一代，今天的窮人會在下一代或第三代變得富有。

他們的經歷引領他們積極向上，以致他們變得富裕，然後他們給年輕的孩子們留下巨額財富。這些孩子一直嬌生慣養，缺乏經驗並變得貧窮；經過一段時間之後，另一代人起來，又一次累積財富。這樣「歷史不斷重演」，幸運的是，有人吸取他人的經驗教訓而避開那些已經使很多人遇難的暗礁和險灘。

「在英格蘭，職業造就人。」如果一個人在那個國家是一個機械工或靠體力勞動的工人，他不會被看作是一個紳士。在我第一次與維多利亞女王會面時，威靈頓的杜克爵士問我湯姆．霍普將軍的父母在什麼領域謀生。

「他的父親是一個木匠。」我回答。

「哦！我曾聽說他是一個紳士。」這是他優雅的回答。

在我們這個共和制的國家，人造就職業。不管你是一個鐵匠、一個鞋匠、一個農場主、銀行家或律師，只要他的職業是合法的，他就有可能是一個紳士。因此，任何「合法」的職業都是一種雙重的恩賜，它有助於從事它的人，也有助於他人。農場主維持他自己的家庭生活，但也對需求他的農產品的商人或機械工帶來利益。裁縫師不僅透過他的生意謀生，同時也對農場主、牧師和其他不能自己製作衣服的人有利。而所有從事這些職業的人通常都可以成為紳士。

宏大的雄心將使一個人從所有其他從事相同職業的人中脫穎而出。

即將畢業的大學生，對一個老律師說：

「我還沒有決定我要從事哪個行業，你所在的行業人滿了嗎？」

「基層是相當擁擠的，但高層有許多空間。」這是風趣而又真實的回答。沒有一種行業、生意或職業，在它的上層是人滿的。無論你在什麼地方看到最誠實和最聰慧的商人或銀行家，或最好的律師、最好的醫生、最好的牧師、最好的鞋匠、木匠或其他最出色的人，他們都是最吃香的人，並有足夠的事情要做。

作為一個民族，美國人極力追求著快速致富，通常不紮實和徹底地做他們應該做的生意，但任何一個在他自己的行業中優於其他人的人，如果他的習慣是好的，他的人品是不容置疑的，不會失於獲得大量的資助，並且財富自然隨之而來。讓你的座右銘永遠寫著「成為優秀者」，因為依循它而生活，就沒有失敗這樣的言辭。

系統化

★一個時間只做一件事

人們應該在他們的生意中實施系統化。

依規則做生意、為每一事物留出一個時間和位置、準時做工作的人，會比他做事粗心大意和馬馬虎虎時完成多一倍而麻煩減少一半。

透過在你所有的生意中引入系統，在一個時間只做一件事，總是在約會中守時，你會發現你有空閒進行消遣和娛樂；然而，做一件事只做到一半，然後轉而去做其他事情，也只做到一半，這樣會使他的生意虎頭蛇尾、破綻百出，也永遠不會知道什麼時候他白天的工作做完，因為工作一直都沒有做完。

當然，所有這些規則都有局限性。我們必須保持一種恰當的折衷，因為存在過度系統化這樣的情況。有這樣的男人和女人，例如，他們那麼小心翼翼地保存東西，以致他們再也找不到它們。這太像華盛頓的「紅帶子」禮節和狄更斯先生「講究迂迴說法的辦公室」——全停留在理論上而沒有一點實際結果。

當「阿斯托大廈」第一次在紐約城動工建立的時候，它無疑是整個國家最好的飯店。業主已經在歐洲學習了大量關於飯店的知識，也為遍布這個宏大建築每個房間的嚴格的系統而感到驕傲。

當夜晚十二點鐘到來，有許多客人在旁邊，一位業主會說，「按一下那個鈴，約翰。」兩分鐘之內，六十位服務人員，每人手裡提著一個水桶出現在大廳裡。業主對他的客人們說，「這是我們的火鈴；它會向你們表明我們在這裡相當安全；我們做每一件事都是系統化。」這是發生在克羅頓水系統被引入紐約城之前。

但有時他們實施系統化有些太過分了。一次，飯店客人蜂擁而至，一位服務員恰巧不在位置上，儘管有五十位服務人員在飯店裡，然而業主想他必須補充完整，否則他的「系統」將受到干擾。恰恰在晚飯之前，他跑下樓梯並說，「必須還需要另一位服務員，我正缺一位服務員，我該怎麼辦呢？」

他正巧看見「布特斯」，一名愛爾蘭人。「派特」，他說，「趕快洗好你的手和臉；穿上白色圍裙，五分鐘之後來到餐廳。」過一會兒，派特按被要求出現在餐廳，業主說：「現在，你必須站在這兩個椅子後面，等候即將出席的兩位紳士；你以前曾做過服務員嗎？」

「確切地說，我完全瞭解它，但我從來沒做過。」

正像這位愛爾蘭的領航員，在一次執行任務中，當他的船長認為他在很大程度上心不在焉，便問他：「你確定你明白你正在做什麼嗎？」

派特回答，「確定，我瞭解航道上的每一個暗礁。」

就在那一刻，「砰」的一聲巨響，船撞上了一個暗礁。

「啊！」這位領航員繼續說。但他還是回到了餐廳。「派特，業主說，在這裡，我們做每一件事都是系統化的。你必須首先給兩位紳士每人一個湯盤，當他們喝完湯，問他們接著需要什麼。」

派特回答，「啊！好的，我非常理解系統化的好處。」

很快，客人進來了。湯盤被放在他們的面前。派特的兩位紳士客人中，有一位喝他的湯；另一位看都不看湯一眼。他說：「服務員，拿走這個盤，給我來一些魚。」派特看著一口也沒嚐過的湯盤，想起業主關於「系統化」的教導，回答說：「你喝完了才能拿走！」

毫無疑問地，這是實施「系統化」太過度的結果。

閱讀報紙

★資訊暢通有助於及時發現危機與轉機

隨時拿一份可信而有價值的報紙，這樣可以保持關於商業世界方面的資訊完全靈通。一個沒有看報紙的人將被從他的同行中分隔出去。

在這個電信和蒸汽盛行的時代，許多重要的發明和改良在每一個貿易領域上演著，不求助於報紙的人很快就會發現他自己和他的生意將被甩到冰冷的外面。

在財富累積上，沒有特殊的皇權之路。

警惕「超出範圍之外的運行」

★一個成功的人應該專注在他自己的生意中

我們有時看到已經獲得財富的人，突然變得貧窮。在許多情況下，這起因於無節制，通常來自賭博和其他不良的習慣。經常地，它的發生是因為一個人在從事「超出範圍之外的運行」，或諸如此類。

當他在他合法的生意中致富時，他被告知有一樁宏大的投機性買賣可以使他賺取成千上萬美元。他時常被他的朋友們奉承，他們說他生來走運，經過他碰觸的每一樣事物都會轉變成金子。此時，如果他忘記他的節約習慣、他的誠實的為人、把所有個人注意力投入到他精通的生意上的原則、促使他成功的原因，他就會聽信這些具有誘惑力的聲音。他說：

「我將投入兩萬美元。我一直很幸運，我的好運會很快給我帶回六萬美元。」

一些日子過去了，他發現必須再追加一萬美元的投入；很快地，他被告知「一切運行良好」，但一些無法預見的事情，要求他再支付兩萬美元的預付款，聲稱這會使他獲得豐厚的回報。然而，在實現的日期到來之前，泡沫破裂了，他失去了他所擁有的一切財產，之後他學會了他最初應該學會的，那就是一個成功的人或許應該專注在他自己的生意中，如果他從這個生意中「分心」，而錯誤地從事一種自己並不瞭解的生意，那他就像傳說中的薩姆遜，當剪斷他的鎖，他的力量就會離去，而後他就變成與其他常人一樣。

如果一個人擁有許多錢，他應該投資一些在每一種表現出確保成功的事務上，而且這將有可能有利於人類；但要讓這個投資的數目保持適當，永遠不讓一個人愚蠢地使他透過合法方式賺取的財富，因為投資在他毫無經驗的事務上而蒙受危險。

沒有擔保，就不要簽字

★在所損失的地方是找不回你的錢的，只會損失更多

我堅持認為，如果不具備可靠的擔保，沒有人應該在一張信用單上簽字或做擔保，以致承擔超出他可以負擔得起的損失且也不感興趣的一個更大範圍的事務，無論是為了什麼人，包括他的父親或兄弟。這裡有一個人，他所有財產值兩萬美元；他正在從事一項蓬勃發展的生產或商業貿易；你已退休，並依靠你的退休金生活；他來到你這裡，並說：

「你知道我身價值兩萬美元，也不欠他人一美元；如果我有五千美元的現金，我將可以購買特定數量的商品，並在兩個月之後使我的錢翻倍；你願意在我的信用單上簽字而獲得那個數目的金錢嗎？」

你思考著他身價值兩萬美元，你在他的信用單上簽字也不會承受什麼風險；你願意接受他的要求，並在沒有採取讓他提供擔保的防備措施之下簽字。很快地，他拿出帶有你的簽字但已經作廢的信用單，並告訴你，也許是真實的，「他透過運作而創造了他所期望的利潤。」你想你已經做了一個很好的行動，而且這個想法使你感到高興。漸漸地，這樣的情況又一次發生，你又一次簽字；你已經在心理方面形成固有的印象，那就是不需要擔保地給他簽字是安全的。

但麻煩的是，這個人要得到錢太容易。他只需拿著你簽字的信用單到銀行，貼現，然後取出現金。眼前他拿到錢毫不費力；對他來說，沒有什麼不方便。現在的情況是，他在他的生意範圍之外看到了一個可進行投機性買賣的機會。

一個短期的僅需一萬美元的投資機會出現。這筆投資可確保在銀行預定的日期到來之前收回。他把一張信用單放到你的面前。你幾乎機械般地簽字。你堅定地確信你的朋友是負責任和值得信賴的。你把給他的信用單簽字當作一件「理所當然的事情」。

不幸的是，這筆投機性的買賣沒有像預期的那樣順利和迅速地收回，另一張價值一萬美元的信用單必須貼現，以便付清最後一筆到期的應付款。在這張信用單兌現之前，這筆投機性的買賣已宣告徹底失敗，投入的錢完全損失。這位失敗者告訴他的朋友，這個簽字的人，他已經損失了他的一半財富？根本沒有。他甚至一點也不提他進行投機性買賣的事。

但他已經在興頭上；投機的幽靈已經俘虜了他；他看見別人透過這種方式賺取了大量的錢財（他很少聽到有失敗的人）。像其他投機者一樣，他「在他所損失的地方找回他的錢」。

他又試一次。簽字並給人提供信用擔保已經使你上癮，在每一次損失中，他都獲得你的簽字來擔保他所想要的信用貸款數目。最後，你發現你的朋友喪失掉他的一切財產和你的一切財產。

你被震驚與悲傷所擊倒，你說：「這是多麼殘酷的事情；我的朋友已經害了我，」但你應該加上「我也害了他」。如果在第一次你就說：「我將給你提供擔保，但如果你沒有給我足夠的擔保，我絕不簽字。」這樣，他就不能超出他的能力所限而走得太遠，而且他也不會從他的合法生意中被誘惑而去。

這是非常危險的事情，所以，在任何時候，如果沒有更多事情可做，讓人們太容易獲得財富，將誘使他們進行危險的投機性買賣。

因此，年輕人在開始生意時，要讓他透過賺錢而理解錢的價值。當他確實理解錢的價值之後，再給他賺錢的輪子加一點潤滑油，讓他更快一些地從事生意，但記住，以太好的設備來賺錢的人通常不能獲得成功。你必須透過艱苦的磨練和付出一定的犧牲來獲得第一筆進帳，以便你學會重視那些金錢的價值。

宣傳你的生意

★廣告就像學習，只付出一點是一件危險的事情

或多或少，我們都依賴公眾對我們的支持。我們都與公眾進行交易——律師、醫生、製鞋商、藝術家、鐵匠、主持人、戲劇演員、鐵路調度員和大學教授。那些與公眾進行交易的人一定要注意他們的產品是有價值的；產品要真實，並給客戶帶來滿意。當你有一件你知道將使你的客戶感到高興的物品，而且，當他們已經試用它之後，他們會覺得他們支付的錢已價有所值，那麼就要人們知道你有這件物品的事實。

以某種形式或其他方式小心地宣傳它，因為很明顯地，如果一個人曾有這麼好的一件物品用來銷售，卻沒有什麼人知道它，它就不會給你帶回收益。在這樣一個國家，幾乎每個人都閱讀，報紙也得到發行，並以各種版次傳播高達五千到二十萬份，如果這個管道不能以廣告形式來充分利用而宣傳到公眾那裡，這將是很不明智的。一份報紙進入家庭，被妻子和孩子所閱讀，就像被家長閱讀一樣；因此，當你照料你日常的生意時，有成千上萬的人可以看到你的廣告。

或許，許多人在你睡覺的時候閱讀它。生活的全部哲學是，先「播種」，後「收割」。這是農場主所採用的方式；他種植他的馬鈴薯和玉米，播下穀物的種子，接著做其他有關的事情，當成熟的季節到來，他就收割。但他從來不先收割，後播種。這個原則適用於各種各樣的生意，對於廣告宣傳更是如此。

如果一個人有一樣貨真價實的物品，那麼，沒有一種方式比透過廣告在公眾中「播種」可以使他獲得更有利的回報。當然，他必須有一樣真正的好產品，並使他的顧客感到高興；任何偽造的產品都不會持久獲得成功，因為公眾比許多人想像的還要聰明。男人和女人都是自私的，我們所有人都樂意用我們的錢到可以買到最多物品的地方購物，而且，我們總是想方設法地找到我們可以最放心地這麼做的地方。

你可以為一個假冒的產品做廣告，引誘許多人來觀看並購買一次，但他們會把你當成騙子和奸商來譴責你，然後你的生意將漸漸萎縮，給你帶來貧窮。這是千真萬確的。幾乎沒有人可以穩當地依靠一次性客戶來發展生意。你完全有必要使你的客戶再次光顧和購買。

一個人對我說，「我的產品很好，我已經想盡辦法做廣告，可是，卻沒有成功。」

我回答：「我的朋友，可能在常規之中有例外。但你是怎樣做廣告宣傳的？」

「我在一份週報上做三次廣告，並支付一點五美元的廣告費。」我回答：「先生，廣告就像學習——『只付出一點是一件危險的事情！』」

一個法國的作家說：「報紙的讀者看不見第一次提到的普通廣告；第二次刊登，他看見，但不閱讀；第三次刊登，他閱讀；第四次刊登，他看價格；第五次刊登，他對他的妻子說，第六次刊登，他準備購買；而第七次刊登，他才購買。」

做廣告的目的是讓公眾明白你有什麼可以出售，而如果你沒有膽量來繼續做你的廣告，直到你已經傳播出確切的資訊，那麼你所花的錢就是白白損失。

一個年輕人對一位紳士說如果他出十美分將幫助他省下一美元。「我怎樣才能以這麼小的數目來幫你省下這麼多。」紳士驚訝地問。

「今天早上（年輕人停頓了一下），我滿懷信心地出門買醉，我已經花了我僅有的一美元來完成這個目標，而它還沒有完全達到。要是有十美分可以買到更多威士忌酒，就能達到這個目的。透過這樣的方式，我將可以省下已經花費的一美元。」（這是一個笑話）。

因此，一個做廣告的人最根本的一點是，一定要持續做，直到公眾知道他是誰或是做什麼的，以及他的生意是什麼，否則，投資在廣告上的錢就是浪費的。

一些人以特殊的天分寫出讓人留下深刻印象的廣告詞，它會第一眼就抓住讀者的注意力。這樣，當然會給廣告商帶來巨大的好處。有時一個人透過一個獨特的招牌，或在他的櫥窗擺一個奇特的展示牌而使自己的產品流行起來，最近我看到一個擺動的牌子在一個商店前面的人行道上伸展出來，上面簡潔明瞭地寫著這樣的文字：

「不要看另一邊。」

當然我看了，其他的每一個人也都這麼做了，而我知道那個人透過那樣的方式第一眼就使所有人駐足觀看而被吸引到他的生意上來，然後，他充分開發他的客戶。

傑寧，製帽商，透過拍賣而以兩百二十五美元購買第一張珍妮·林德的演出門票，因為他知道這將是他的一個很好的廣告。「誰是出價者？」當拍賣師在城堡花園敲下那張門票時說。「傑寧，製帽商，」這是回應。那裡有幾千人，他們是來自第五大街和遙遠城市最高級身分的人士。「誰是『傑寧』，製帽商？」他們驚呼。

他們以前從來沒有聽說過他。第二天早上報紙和電報已經把這個消息從緬因州傳播到德克薩斯州，有五百萬到一千萬人已經透過閱讀報紙知悉珍妮·林德第一次個人演出門票透過拍賣而得到大約兩萬美元，而唯一的第一張門票以兩百二十五美元的拍賣價，賣給「傑寧，製帽商」。

整個國家的人都本能地拿下他們頭上的帽子，看看是否他們有一頂「傑寧」帽在他們的頭上。在愛荷華州一個鎮郵局附近的人群中，發現一個有一頂「傑寧」帽的人，儘管它破舊不堪，也不值兩美分，但他喜悅地炫耀著。

「哇，」一個人大喊：「你有一頂真正的『傑寧』帽；你是多麼幸運的傢伙。」另一個人說：「把那頂帽子懸掛起來，它將是你們家很值錢的傳家寶。」人群中還有一位看起來似乎嫉妒這個幸運擁有者的人，他說：「來，給我們大家一個機會，拿它去拍賣！」

他這麼做了，它被當作收藏品而以九美元五十美分拍賣出去！傑寧先生的結果如何？他前六年每月額外地多賣出一萬頂帽子。十個購買者中的九個人之所以向他購買是出於好奇，他們中的許多人，發現他（傑寧先生）賣給他們的帽子與他們支付的價錢等值，因而變成他的常客。這個新奇的廣告首先衝擊他們的注意力，然後，由於他製造了一種好的產品，他們又回來買。

現在我並不是說，每個人都應該像傑寧先生那樣做廣告。但我說，如果一個人有好的商品用來銷售，而他不以某種形式做宣傳，機會自己不會到來。我也不是說，每個人都應該在報紙上做廣告，或真的一定要使用「印刷油墨」。相反地，儘管在大多數情況下，產品是必不可少的，然而，醫生和牧師、有時還有律師和其他一些人，能夠以其他一些方式更有效地影響到公眾那裡。

讓希望擁有主導地位，但不要不切實際

★無論是賺錢獲利或是成功，其前提都是耐心、信心、專心

許多人總是處於貧困之中，因為他們太不切實際。每一個項目在他們看來都好像必定成功，因此他們不斷從一個生意轉到另一個生意，總是陷於水深火熱之中，總是「在痛苦的折磨之下」。「小雞被孵出來之前，就先數數」是古代的一個謬誤，但在今天這種情況似乎並沒有隨著時代而有所改善。

你必須透過艱苦的磨練和付出一定的犧牲來獲得第一筆進帳，
以便你學會重視那些金錢的價值。

CHAPTER 19

對客戶禮貌友好

★你想讓別人怎樣對待你，你就怎樣對待別人

禮貌和友好永遠是生意中最好的投資。如果你或你的員工對待顧客粗魯，那麼大的店面、鍍金的招牌、猛烈的廣告，全被證明是無效的。

事實是，一個人越是友善和慷慨，顧客越是給予他更多的回報。「愛生愛」提供最大量的、具有相應品質的產品而只需客戶支付最小數目價錢的人，將會獲得長久的、最好的成功。

這給我們帶來黃金法則：「你想讓別人怎樣對待你，你就怎樣對待別人。」他們將透過你而比「如果為了一點點利潤，你總是對待他們好像你要從他們身上獲得最大程度的回報」做得更好。那些對他們的顧客追求最大利潤而表現得好像他們永遠也不再期望見到他們（顧客）一樣的人，永遠也不會被看錯。他們將永遠不會再見到他們作為顧客出現。人們不喜歡支付錢，也不喜歡被踢出去。

博物館的一位接待員告訴我，一出演講堂，他就想要狠狠鞭打一個剛才還在演講堂的人。

「為什麼？」我問。

「因為他說我不是紳士。」這個接待員回答。

「別在意，」我回答，「他已支付了錢，而你不會透過鞭打他而使他確信你是一位紳士。我承擔不起損失一個顧客。如果你鞭打他，他將永遠不會再參觀這個博物館，而且他會勸使他的朋友們跟他一起到別的娛樂場所，而不是到這裡，這樣你會明白，我將是更嚴重的受害者。」

「但他侮辱了我。」這個接待員嘀咕著。

「確實是，」我回答，「如果他擁有這個博物館，而你為他支付錢並獲得參觀它的權利，然後他侮辱了你，這時你抱怨他還有一點理由，但現在的情況是，他是支付錢的一方，而我們收了錢，因此你必須容忍他的不禮貌的行為。」

我的接待員大笑地評述道，這才是毫無疑問的、正確的策略；但他補充說，他不會反對得到一個更高的薪水，如果他被期待受到辱罵，以便提高我的收益。

仁愛

★最好的仁愛是幫助那些正主動自我幫助的人

理所當然，人們應該仁愛，因為它是一種責任和一種快樂。但即使作為一種處事策略，即使你沒有更高的動機，你也會發現大方的人贏得顧客，而卑鄙、不仁慈的吝嗇鬼將被人們遠遠避開。

所羅門說：「有散失就有增加；也有拒付多過支付，但它導致貧窮。當然，真正的仁愛只有發自內心。」

最好的仁愛是幫助那些正主動自我幫助的人。

反之，毫無選擇的濫加施捨，對申請人值得幫助與否毫不探詢，從任何意義上說，都是糟糕的。

只尋找出並悄悄幫助那些正為自己奮鬥的人，這是那種「有散失就有增加」的情形。但也不要陷入這樣的思考，即某些人所做的——只給饑餓的人祈禱，而不給一個麵包；只給祝福，而不給麵包。胃裡飽足比肚子空空更容易使人成為基督徒。

CHAPTER 21

保持你的正直品格

★毫不讓步的正直品德是無價的

正直的品格比鑽石或紅寶石更為珍貴。一個老守財奴對他的兒子們說：「賺錢；如果可能，誠實地賺錢，但要賺錢。」這個勸告不僅極端罪惡，而且它是愚蠢之極：它無異於說，「如果你發現誠實地賺錢有困難，你可以很容易地、不誠實地賺錢。透過那樣的方式賺錢」極其愚蠢！殊不知生活中最困難的事情就是不誠實地賺錢。

殊不知我們的監獄中滿是那些企圖跟從這個勸告的人；殊不知沒有一個人可以不誠實而不被很快地發覺的，而當他毫無原則的為人品行被發覺，幾乎每一條成功的大道都將永遠對他關閉。公眾會很得體地避開所有品格受到懷疑的人。無論一個人怎樣彬彬有禮、令人愉快和隨和親切，如果我們懷疑他「缺斤少兩」，那麼我們之中沒有人敢跟他做買賣。嚴守誠實，不僅是所有生活中財務上獲得成功的基礎，也是其他領域的基礎。

毫不讓步的正直品德是無價的。

它保證它的擁有者獲得一種缺乏它就無法獲得的平靜和愉快——這是沒有任何數量的金錢、房屋和土地所能購買得到的。一個眾所周知的嚴守正直品格的人，或許永遠那麼貧窮，但他擁有任他使用的社區公眾的錢袋——因為所有人知道，如果他答應歸還他所借用的每一樣物品，他將永遠不會讓他們失望。因此，僅僅作為一件自私的事情來說，如果一個人沒有更高尚的動機來表現出誠實，他也很快會發現富蘭克林博士的箴言永遠不會失其正確性，那就是「誠實是最好的策略」。

獲得財富，並不總是等同於成功。「有許多富有的窮人，」確實有許多這樣誠實和忠懇的男人和女人，他們從來都沒有獲得像一些富人在一週內所揮霍的那麼多金錢，儘管如此，他們確實比任何在他自己的生活中違背了更高原則的人更富有和幸福。

無疑地，過度熱愛金錢，或許是「罪惡的根源」，但金錢本身，當被正確地使用，不僅是「屋裡的一個事物」，而且提供庇護我們同胞的快樂——它使它的擁有者能夠增進人類福祉和人類影響力。對財富的渴望幾乎是人類共有的普遍性，假如它的擁有者接受它的責任，並把它當作人類的朋友來運用，那麼沒有人可以說它不值得頌揚。

賺取金錢的歷史，從一開始，就是一部人類文明的歷史，哪裡貿易最繁榮，哪裡也會產生最珍貴的藝術和科學的成果。事實上，在通常情況下，獲得財富的人是我們人類族群的施恩者。與他們對比來說，在很大程度上，我們愧疚於我們有關學術和技藝的公共機構，我們的研究院、我們的學院和教堂。

有時守財奴僅僅為了貯藏金錢而貯藏金錢，以及那些為了抓取一切他們可以抓取的東西而沒有更高志向的人，並不是對人們渴望和擁有財富的情形產生爭議。就像我們有時發現在宗教中有偽善者，在政治中有蠱惑者一樣，因此，在財富的擁有者中不時會有守財奴。

然而，這些只是通常規則中的例外。不過，當在這個國家，我們看到這樣一件麻煩事和一群出岔的守財奴，我們感激地記得，在美國我們沒有長子繼承權的法律規定，與此相應，終將在適當的時候，積沉的塵埃為人類的福祉而被清掃的時刻會到來。因此，對所有的男人和女人，我很認真地說，誠實地賺錢，而不是相反。

莎士比亞曾確切地說過，「想要金錢、自私和得意的人，不會有三個好朋友。」

毫不讓步的正直品德是無價的。

一家人健康養生的好幫手

你不可不知的增強免疫力
100招 NT：280

節炎康復指南
NT：270

名醫教您：生了癌怎麼吃
最有效 NT：260

你不可不知的對抗疲勞
100招 NT：280

食得安心：專家教您什麼
可以自在地吃 NT：260

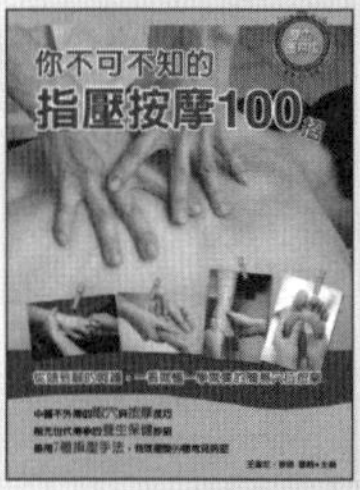

你不可不知的指壓按摩
100招 NT：280

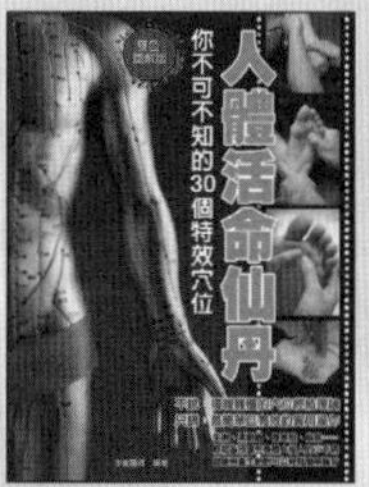

人體活命仙丹：你不可不知
的30個特效穴位 NT：280

嚴選藥方：男女老少全家兼顧
的療癒奇蹟驗方 NT：280

糖尿病自癒：簡單易懂的Q&A
完全問答240 NT：260

養肝護肝嚴選治療：中醫圖解
快速養護臟腑之源 NT：280

微妙的力量：大自然生命
療癒法則 NT：260

養腎補腎嚴選治療：中醫圖解
快速顧好生命之源 NT：280

養脾護胃嚴選治療：中醫圖解
快速養護氣血之源 NT：280

胃腸病及痔瘡的治療捷徑
NT：280

排毒養顏奇蹟：吃對喝對就能快
速梳理身上的毒素 NT：199元

很小很小的小偏方：
常見病一掃而光 NT：260

健康養生小百科系列推薦（18K完整版）

圖解特效養生36大穴
（彩色DVD）300元

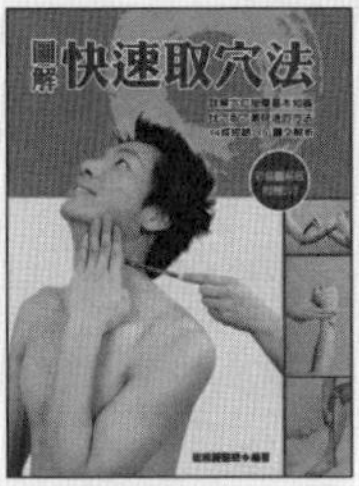

圖解快速取穴法
NT：300（附DVD）

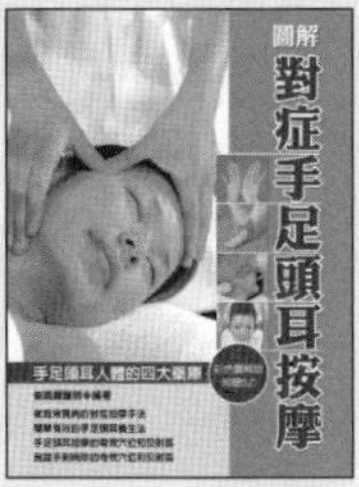

圖解對症手足頭耳按摩
NT：300（附DVD）

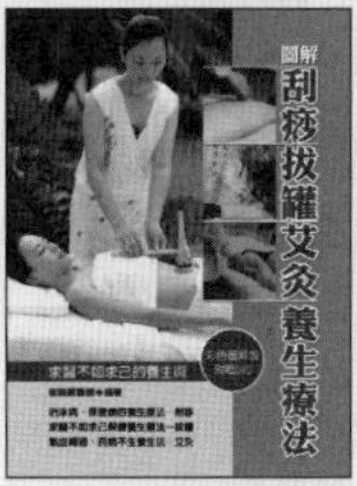

圖解刮痧拔罐艾灸養生療法
NT：300（附DVD）

一味中藥補養全家
NT：280

本草綱目食物養生圖鑑
NT：300

選對中藥養好身
NT：300

餐桌上的抗癌食品
NT：280

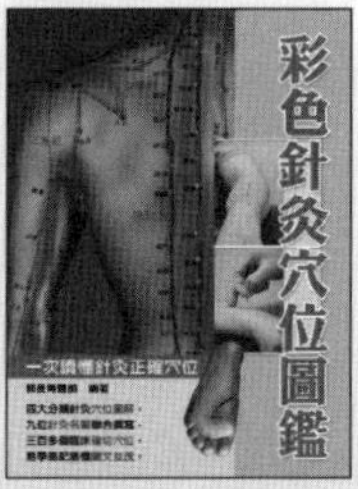

彩色針灸穴位圖鑑
NT：280

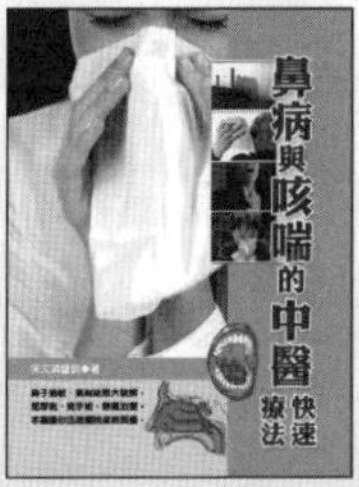

鼻病與咳喘的中醫
快速療法 NT：300

拍拍打打養五臟
NT：300

五色食物養五臟
NT：280

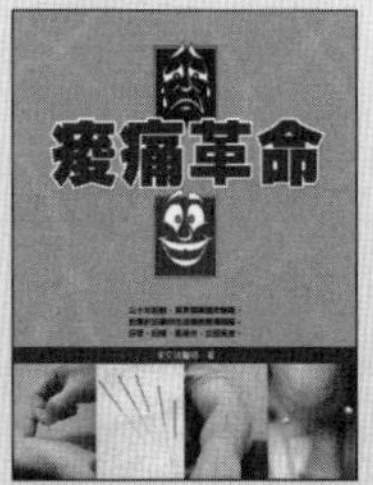

痠痛革命
NT：300

你不可不知的防癌抗癌
100招 NT：300

自我免疫系統是身體
最好的醫院 NT：270

美魔女氧生術
NT：280

國家圖書館出版品預行編目資料

失落的百年致富聖經／華勒斯・華特斯(Wallace D.Wattles)、P.T.巴納姆作. －－初版. －－ 新北市：華志文化，2015. 09
面；　公分. －－（全方位心理叢書；09）
譯自 The Science of getting rich:
ISBN　978-986-5636-33-3（平裝）
1.成功法 2.財富

177.2　　104014420

華志文化事業有限公司
系列／全方位心理叢書 009
書名／失落的百年致富聖經

作　　者　華勒斯．華特斯、P.T.巴納姆
執行編輯　林雅婷
美術編輯　簡郁庭
封面設計　王志強
文字校對　陳麗鳳
企劃執行　康敏才
編　　譯　蕭祥劍
社　　長　楊凱翔
出 版 者　華志文化事業有限公司
電子信箱　huachihbook@yahoo.com.tw
地　　址　116 台北市文山區興隆路四段九十六巷三弄六號四樓
電　　話　02-22341779
印製排版　辰皓國際出版製作有限公司

總經銷商　旭昇圖書有限公司
地　　址　235 新北市中和區中山路二段三五二號二樓
電　　話　02-22451480
傳　　真　02-22451479
郵政劃撥　戶名：旭昇圖書有限公司（帳號：12935041）

出版日期　西元二〇一五年九月初版第一刷
售　　價　一九九元

華志文化

華志文化